SOMOS COMPLETAMENTE IDENTIFICADOS COMO NOVA CRIAÇÃO, QUE SE RENOVA PARA O CONHECIMENTO, SEGUNDO A IMAGEM DAQUELE QUE O CRIOU;

(COL 3:10)

Além do humano

Justin Paul Abraham

www.companyofburninghearts.com

Copyright © 2016 por Justin Paul Abraham

Todos os direitos reservados. Este livro é protegido pelas leis de direitos autorais dos EUA, Reino Unido e internacionais. Este livro não pode ser copiado ou reimpresso para ganho ou lucro comercial. O uso de citações curtas ou cópia ocasional de páginas para estudo pessoal ou em grupo é permitido e encorajado. A permissão será concedida mediante solicitação.

Capa de Oliver Pengilley

www.oliverpengilley.co.uk

Publicado pela Seraph Creative em 2016

Estados Unidos / Reino Unido / África do Sul / Austrália
www.seraphcreative.org

Composição e layout de felino

www.felinegraphics.com

Impresso nos EUA, Reino Unido e RSA, 2016

Todos os direitos reservados. Nenhuma parte deste livro, obra de arte incluída, pode ser usada ou reproduzida em qualquer assunto sem a permissão por escrito do editor.

Translated by Pedro Lucas Oliveira Santos
Additional translation work by: Tatiana Arnold & Ester Charito Wilson

ALÉM DO HUMANO

COMPLETAMENTE IDENTIFICADOS COMO NOVA CRIAÇÃO

JUSTIN PAUL ABRAHAM

 PUBLICADO POR SERAPH CREATIVE

DEDICAÇÃO

Em honra de

ERIC JOHN DAVIES
1928 - 2011

que deixou um legado espiritual
para as gerações vindouras

ÍNDICE

Prólogo: O amanhecer — 6
Parte um: Introdução — 9
A colheita vindoura — 11
Os filhos kainos — 15
Comissão mística — 19
Parte dois: Além do Humano — 23
Capítulo 1-Vivendo de Sião — 25
Capítulo 2-Comunidade Angelical — 35
Capítulo 3-Nuvem de testemunhas — 41
Capítulo 4-Telepático por design — 49
Capítulo 5-Hubs telepáticos: um corpo — 55
Capítulo 6-Vista remota — 61
Capítulo 7- Conhecimento Infundido — 69
Capítulo 8-Transporte milagroso — 79
Capítulo 9-Metamorfose — 87
Capítulo 10-Mudanças Dimensionais — 95
Capítulo 11-Inedia: Jejum prolongado — 103
Capítulo 12-Além do sono: Resgatando a noite. — 113
Capítulo 13-Domínio sobre a criação. — 123
Capítulo 14-os conflitos celestiais — 133
Capítulo 15- A Luta Contra Os Principados E Potestades — 141
Epílogo: Além da Terra-As implicações cósmicas — 149

Traduções bíblicas — 156
Referências — 159
Capítulo bônus: Andando no Ar. — 165

PRÓLOGO: O AMANHECER

Você percebeu que o mundo está mudando rapidamente?

A inteligência artificial está se aproximando rapidamente dos níveis humanos de consciência.

A ciência está avançando na compreensão quântica do cosmos transdimensional.

A genética está sendo mapeada e manipulada, forçando mudanças na natureza das espécies.

Movimentos radicais estão varrendo a terra, trazendo mudanças sociais massivas.

Estamos na era da maior mudança em séculos - talvez a maior época de mudança na história da humanidade.

A humanidade está despertando.

O longo sono acabou. A dureza derreteu.

Os sinais estão por toda parte de que nossa espécie está destinada a algo maior.

O profeta dos EUA Larry Randolph escreve:

O mundo está se aproximando rapidamente de uma era de consciência sobrenatural. A leitura da sorte, a comunicação telepática, a quiromancia, as previsões do horóscopo e outras atividades paranormais estão experimentando um renascimento da popularidade.

Nosso desejo de ouvir o outro lado gerou uma série de médiuns de aluguel e outros médiuns com status de celebridade que supostamente veem nosso passado, predizem nosso futuro e se comunicam com nossos parentes mortos. Diariamente, somos

bombardeados com o som do insight sobre o desconhecido.

O que isso nos diz?[1]

Acho que isso nos diz que o capitalismo, o ateísmo e o modernismo não conseguiram acertar o alvo. O sistema de controle institucionalizado da religião não atendeu à necessidade espiritual. Temos mais posses do que qualquer geração anterior, mas nunca nos sentimos tão vazios.

Estamos nos movendo como espécie. O clamor dos movimentos globais de oração e casas de oração nas últimas décadas está sendo respondido. O céu está respondendo.

Há um sentimento profundo em nosso interior de que fomos feitos para algo mais. Um sonho que simplesmente não vai embora. Como o escritor profético CS Lewis disse uma vez:

Se encontro em mim desejos que nada neste mundo pode satisfazer, a única explicação lógica é que fui feito para outro mundo.[2]

Esse outro mundo está chamando. Esse outro mundo é onde pertencemos.

No início, foi um sussurro suave ecoando no fundo de nossas mentes, assombrando nossos sonhos subconscientes. Agora é um grito. Ele explode alto através dos super filmes de alta definição de Hollywood, programas de TV sobrenaturais, livros místicos e cultura saturada do mundo espiritual.

"O dia da neutralidade sobrenatural acabou" (Rick Joyner).[3]

A nuvem está se movendo e é melhor nos movermos com ela (Patricia King).[4]

Há uma Voz nos chamando como uma espécie de volta ao Projeto do nosso Projeto.

Uma voz nos chamando da ignorância para um futuro que vai além de nossos sonhos mais selvagens. Um futuro além das limitações de espaço e tempo, da mente e do corpo físico.

Um futuro "Além do Humano".

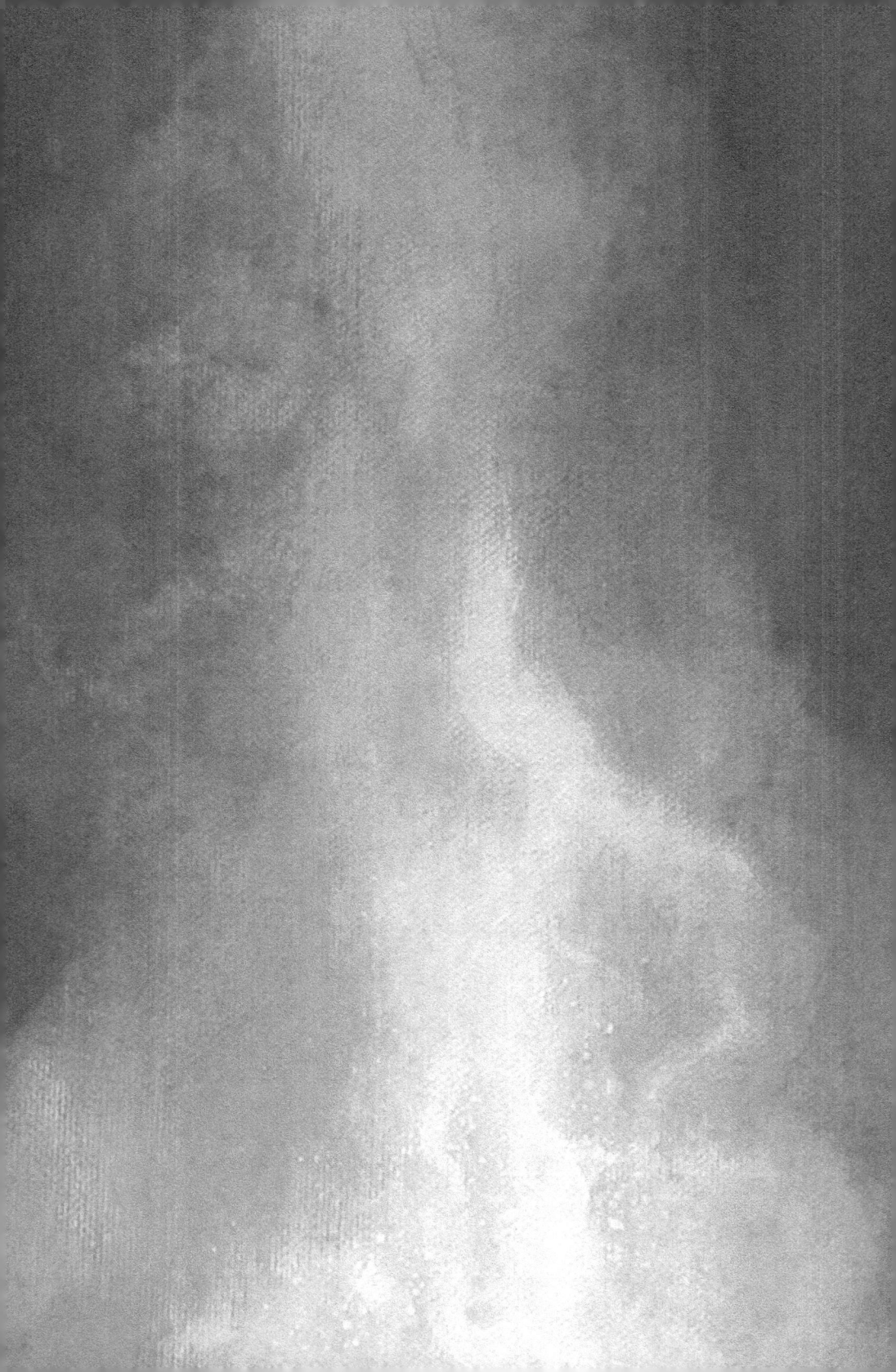

PARTE UM: INTRODUÇÃO

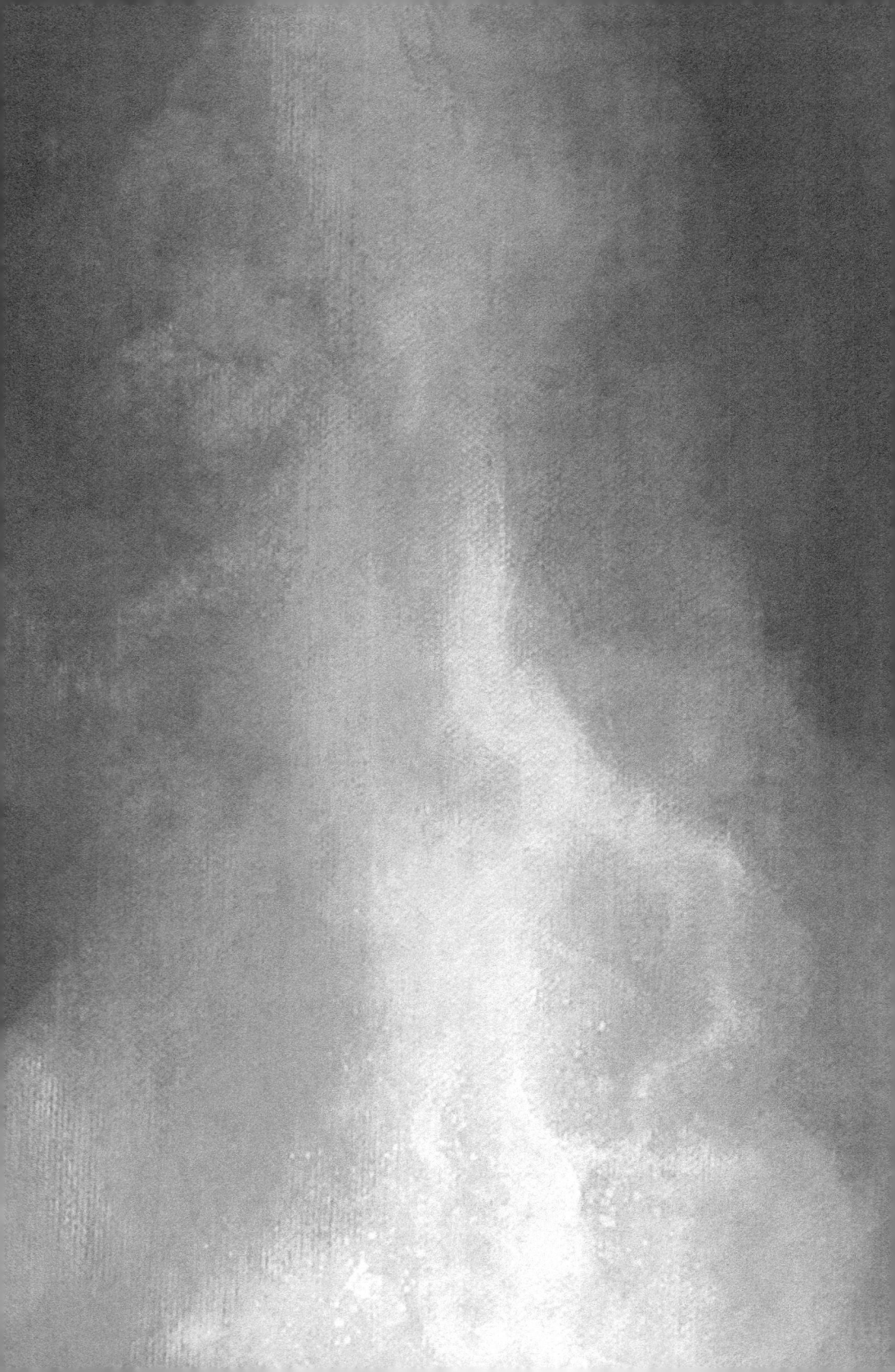

A COLHEITA VINDOURA

E acontecerá nos últimos dias, declara Deus, que derramarei do Meu Espírito sobre TODA a humanidade (AMPC) ... todos (CJB) ... todos os povos (ERV) (Atos 2:17).

As nuvens de tempestade estão se reunindo para o maior derramamento de todos os tempos, uma invasão global de grande graça, produzindo iluminação espiritual por toda a Terra e a cura de nações.

Muitos profetas no último século previram os próximos eventos extraordinários, profetas como Paul Cain. Ao longo de muitos anos, Paulo teve repetidas visões do futuro, semelhantes ao transe. Era como assistir a uma tela de cinema se abrindo na frente de seu rosto. Nessas experiências espirituais profundas, Paulo viu multidões enchendo estádios apanhados em adoração extática, a mídia noticiando dia e noite nas placas de tirar o fôlego, com grandes eventos esportivos cancelados para dar lugar ao despertar. Reavivamento sem precedentes!

Em setembro de 1987, Rick Joyner (MorningStar Ministries) teve uma visão panorâmica do futuro. Nesta série incomum de encontros, Rick viu um derramamento do Espírito destinado a eclipsar todos os despertares históricos anteriores. Rick escreve sobre isso em seu livro Visions of the Harvest:

Em todas as nações, multidões de pessoas correrão para o Senhor. O influxo será tão grande em lugares que jovens cristãos, pastorearão grandes grupos de crentes. Arenas e estádios transbordarão todas as noites enquanto os crentes se reúnem para ouvir os apóstolos e professores.

Grandes reuniões que agitam cidades inteiras acontecerão espontaneamente. Milagres extraordinários serão comuns, enquanto aqueles considerados grandes hoje serão realizados quase sem aviso prévio pelos jovens crentes. As aparições angelicais serão tão comuns aos santos e uma glória visível do Senhor aparecerá sobre alguns por longos períodos de tempo, enquanto o poder flui através deles.

Esta colheita será tão grande que ninguém olhará para trás, para a igreja primitiva como padrão, mas todos estarão dizendo que o Senhor guardou seu melhor vinho para o final! A igreja primitiva era uma oferta de primeiros frutos; esta é realmente a colheita![1]

Esta promessa de profunda graça sobre uma geração encontra eco nas palavras escritas pelo profeta Isaías. Ele olhou para o futuro com alegria e expectativa.

Deus se levanta sobre você, a glória do nascer do sol desce sobre você. Nações virão para a sua luz, reis para o brilho do seu sol. Olho para cima! Olhe em volta! ... Quando você os vir você vai sorrir - grandes sorrisos! Seu coração vai inchar e, sim, explodir! (Is 60: 1-3, MSG).

Este tsunami de amor pode começar pequeno, apenas com alguns se levantando. Quando ela ganhar impulso e puxar a força da graça, a onda será incontrolável e o impacto global.

Porque a terra se encherá do conhecimento da glória do Senhor, como as águas que cobrem o mar; (Hab 2:14, JFA).

TODOS os confins do mundo se lembrarão e se voltarão para o Senhor, e TODAS as famílias das nações adorarão diante de Você (Salmos 22:27 KJV).

Eu amo essa palavra 'TODOS'. É hora de colocar tudo de volta no Evangelho!

O que está por vir está além da salvação das almas. É uma reforma completa da sociedade mundial, tecnologia, genética humana, economia, estilo de vida e espiritualidade. Mesmo a natureza e os animais serão incluídos nessa mudança.

A própria Terra será fisicamente alterada.

**Leopardos se deitam com cabras,
e os lobos vão descansar com os cordeiros.
Bezerros e leões comerão juntos
e ser cuidado por crianças pequenas (Is 11: 6, CEV).**

Uma mudança em todo o planeta para uma frequência superior, uma dimensão superior, tocando a todos. Apesar de tudo, de todos os erros, de todos os atrasos ... O amor nunca falha!

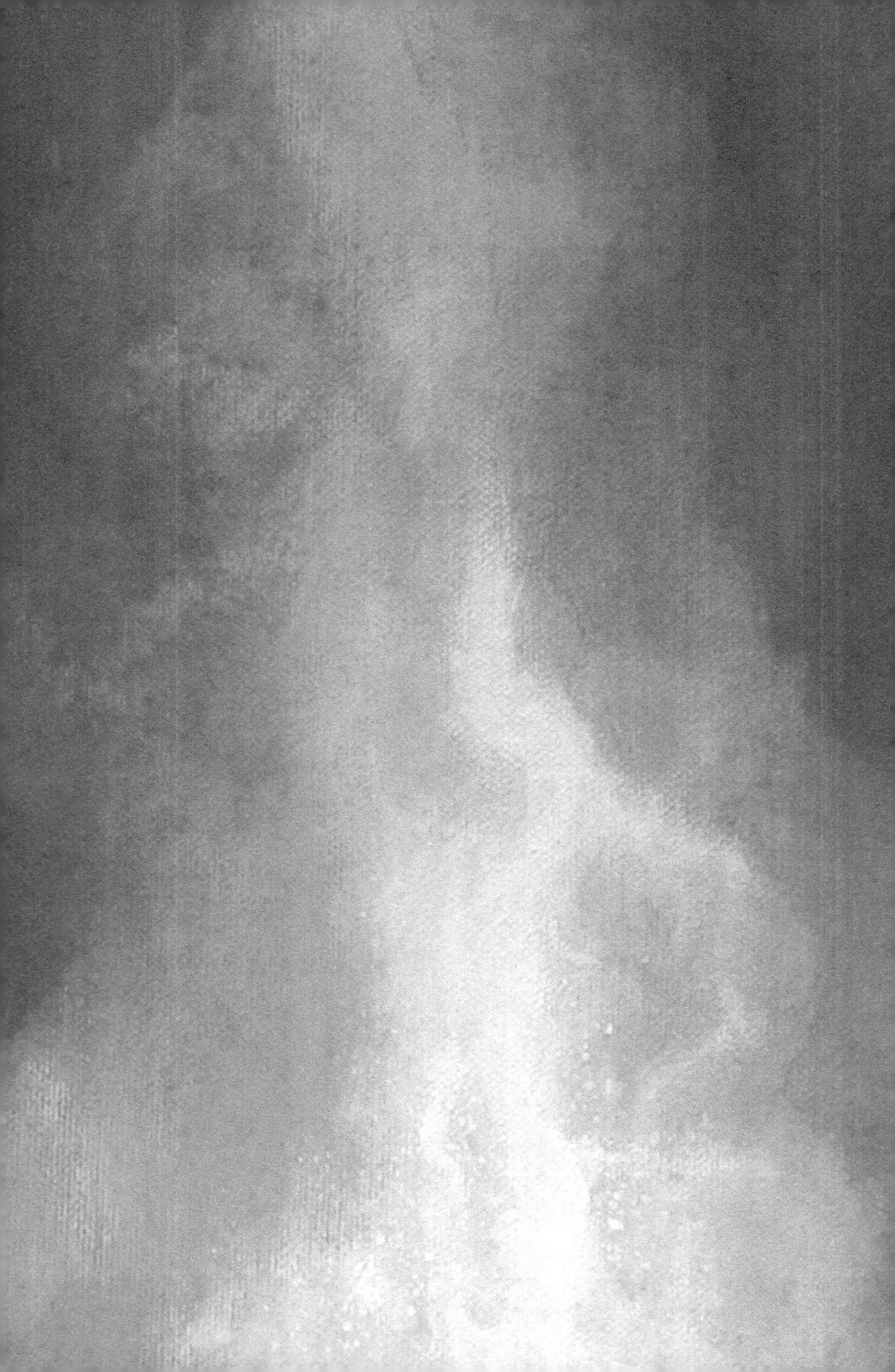

OS FILHOS KAINOS

Vemos o padrão original e pretendido de nossas vidas preservado no Filho. Ele é o primogênito do mesmo ventre que revela nossa Gênesis (Rm 8:29, MIR).

Para moldar o futuro, devemos olhar novamente com admiração infantil para o Evangelho Glorioso! Contidos nas cartas inspiradoras de Paulo estão muitos mistérios. Sabedoria oculta que deve ser entendida hoje para nos ajudar a avançar. Chaves pequenas para portas grandes!

Procurando por uma palavra para descrever a mudança milagrosa que Cristo operou no coração da humanidade, Paulo usou a palavra grega ser "KAINOS". Uma palavra que aprendi a amar.

Portanto, se alguém está em UNIÃO com Cristo, é um ser NOVO ("KAINOS") (2 Cor 5:17, TCNT).

"KAINOS" é uma palavra muito reveladora, uma palavra que o ajudará a compreender a enorme maravilha do Evangelho. Isso lhes dará uma ideia de onde iremos em seguida como planeta e como espécie.

Desacelere e compreenda isso. "KAINOS" não significa apenas 'novo' como em uma substituição do antigo. Esse não é o Evangelho. Cristo não veio apenas para trocar um Adão por outro Adão mais novo da mesma natureza humana. Ele não era como um upgrade de smartphone. De jeito nenhum!

Jesus não veio aqui para criar um novo substituto para o velho homem caído. Ele veio para destruir e acabar com o velho e começar uma nova espécie com o design "KAINOS". Uma espécie "Além do Humano", vivendo em união Divina com uma capacidade ilimitada de crescimento.

De acordo com o Dicionário Bíblico de Strong[1] "KAINOS" significa:

um novo tipo
Sem precedente
romance
incomum
Desconhecido de

Você viu aquilo? Sem precedente. Eu amo isso. Isso significa:

"Sem histórico anterior; nunca antes conhecido ou experimentado; incomparável " (dicionário.com)

É quase demais para lidar. Essa é a alegria do Evangelho! O mundo nunca viu nada como nós. Nem mesmo Adão antes da queda pode se comparar ao que estamos nos tornando. Sim, isso é um mistério! Sim, há muito mais para saber! Devemos ser corajosos e explorar!

Vejamos outra definição para expandir nosso entendimento. Precisamos pedir ao Espírito Santo para abrir nossa mente para essa maravilha ! O Dicionário Bíblico Vines define "KAINOS" como:

"Novo quanto à forma ou qualidade, de natureza diferente do que é contrastado como antigo".[2]

Eu sei que essas são apenas palavras em uma página. Pare, faça uma pausa, tente meditar sobre o que isso significa. Há muita bem-aventurança escondida aqui. Verdades místicas profundas esperando para serem descobertas.

As implicações são enormes, muito além da mensagem de salvação típica de domingo com 'uma passagem para o céu'. "KAINOS" é imortal e sempre vivo, uma metamorfose.

Você foi regenerado (nascido de novo), não de uma origem mortal (semente, esperma), mas de uma que é imortal pela sempre viva e duradoura Palavra de Deus (1 Pe 1:23, AMPC).

"KAINOS" é semeado pelo DNA de Deus. É uma CRIAÇÃO inteiramente NOVA, substituindo e eclipsando o que existia antes. É uma ordem além das limitações da vida na Terra.

Nesta nova vida de criação, sua nacionalidade não faz diferença, ou sua etnia, educação ou status econômico - eles não importam nada. Pois é Cristo que significa tudo, pois ele vive em cada um de nós! (Colossenses 3:11, PAS).

Livre das definições da Terra - nacionalidade - gênero - genética - isso não pode mais nos definir. Não podemos mais nos dar ao luxo de nos ver através dessas lentes antigas. Como Paulo disse em 2 Coríntios 5:16:

Doravante, não pensamos em ninguém de uma forma meramente humana (KNO).

Não conhecemos ninguém simplesmente como homem (WNT).

Não avaliamos as pessoas pelo que elas têm ou pela sua aparência ... Agora olhamos para dentro, e o que vemos é que quem está unido ao Messias começa de novo, é criado de novo (MSG).

Podemos trabalhar no mesmo escritório. Beber no mesmo Starbucks. Assistir aos mesmos filmes. Aproveitar o mesmo curry! Mas não somos mais os mesmos. Precisamos parar de fingir ser algo que não somos. Estamos imersos nas camadas ardentes do Divino.

A vida exata em Cristo agora se repete em nós. Estamos sendo co-revelados na mesma bem-aventurança; estamos unidos a ele, assim como sua vida o revela, sua vida o revela (Colossenses 3: 4, MIR)!

Você viu aquilo? Eu amo isso !!

Estamos em um co-mundo com Cristo, cheio de santos sempre vivos, numerosos anjos e maravilhas indescritíveis. Uma realidade de possibilidades de dobra no tempo e muitos planos dimensionais de existência. Infundido com poderes sobrenaturais, sabedoria, conhecimento e muito mais. Um mundo expansivo além de nossos sonhos.

Se alguém está em Cristo ... ele está em um NOVO MUNDO (SER).

Como começamos a andar nisso? É simples. Fácil o suficiente para uma criança entender. Pela fé entramos nele. Acreditamos que Jesus é a porta que nos dá acesso GRATUITO (João 10: 9). Dado como um presente de pura graça. Não podemos fazer nada para alcançá-lo. Ele nos torna justos.

Por pura generosidade, ele nos colocou em pé de igualdade com ele. Um puro presente. Ele nos tirou da bagunça em que estamos e nos restaurou onde ele sempre quis que estivéssemos. E ele fez isso por meio de Jesus Cristo (Rm 3: 21-26, MSG).

Deus me fez viver junto com Cristo. Como pode qualquer esforço humano melhorar isso? Os termos co-crucificado e co-vivo me definem agora. Cristo em mim e eu nele! (Gal 2: 19-20, MIR).

A humanidade foi co-crucificada com Cristo. Está feito e acabado. Estamos co-vivos.

A misteriosa raça "Além do humano" chegou.

CO-MISSÃO MÍSTICA

Farei milagres no céu acima e maravilhas na Terra abaixo (Atos 2:19, CEV).

O Evangelho está despertando seu coração? Acredito que sim. Espero que você esteja se expandindo para a vida gloriosa que ele preparou para você (João 10:10). Uma vida de alegria sem fim e inocência redimida.

Jesus é o abraço da graça de Deus para toda a raça humana. Então aqui estamos nós, firmes na alegria da nossa inocência redimida! Somos o sonho de Deus realizado! (Rom 5: 2, MIR).

Quero levar a lógica progressiva dos últimos capítulos ainda mais longe. Estou totalmente persuadido pelo Evangelho. Eu vi vislumbres do futuro e é glorioso.

Quão rápido está chegando! Estamos mais próximos do que imaginávamos!

E faça isso, sabendo a hora, que agora é a hora de acordar; pois agora nossa salvação está mais próxima do que quando cremos pela primeira vez. A noite já está avançada, o dia está próximo (Rm 13: 11-12).

Você está pronto? Pronto para a revolução espiritual? Patricia King escreve:

Talvez parte do que o Senhor está prestes a fazer irá chocar e surpreender muitas pessoas. Como em movimentos históricos de revolução anteriores, haverá aqueles que resistem e endurecem

seus corações, desejando se apegar aos velhos métodos e mentalidades. A mudança costuma ser difícil porque nos obriga a repensar opiniões endurecidas e estar dispostos a nos retirar da rotina de estilos de vida confortáveis. Porém, apesar dos que resistem à revolução, haverá quem a abraça, pule a bordo e siga Jesus em um território novo e desconhecido. Algumas coisas que Deus manifestará nestes dias vindouros nunca foram feitas antes, coisas que irão expandir nossa imaginação e desafiar nosso intelecto.[1]

É melhor nos prepararmos para o alongamento! Como no tempo das histórias do Evangelho novamente, acho que todos nós vamos ter problemas com o cérebro !! Basta olhar para o que o povo da época de Jesus disse:

Todos ficaram atônitos e glorificavam a Deus, e, cheios de temor, diziam: "Hoje vimos coisas extraordinárias! " (Lucas 5:26, NVI)

É para onde estamos indo. Eu continuo ouvindo "dias loucos" no Espírito.

"Faça o que eu fiz e muito mais!" Jesus ainda chora. O céu quer que tenhamos sucesso.

Garanto que o homem que acredita em mim fará as mesmas coisas que eu fiz, sim, e ele fará coisas ainda maiores do que estas, pois estou indo embora para o pai. Tudo o que você pedir ao Pai em meu nome, eu farei - para que o Filho traga glória ao pai. E se você me perguntar qualquer coisa em meu nome, eu concordo. (João 14:12, PHI).

Pense nisso - fazer o que Jesus fez e muito mais.

Tornamo-nos especialistas em ensino na Igreja. Temos o ministério profético, salas de cura, aconselhamento e libertação. Nós profetizamos, cuidamos dos pobres, nos engajamos na ação social e pregamos a salvação.

Mas por que a Igreja parou aí? Alguém traçou uma linha invisível?

Por quase dois mil anos, a maior parte da Igreja manteve-se às margens da descrença. Ouvindo horas de pregação, mas vivendo aquém menos do Design original de Deus para nós.

A mudança está aqui. A expressão atual do Cristianismo será transformada nas próximas décadas.

O que quer que venha a seguir nunca mais será espiritualmente irrelevante.

Você está pronto para isto? Rick Joyner diz:

À medida que avançamos em direção ao fim desta era, o conflito entre a luz e as trevas se tornará cada vez mais sobrenatural. O dia em que era possível assumir uma posição neutra em relação ao sobrenatural acabou.[2]

Nos próximos capítulos, vamos explorar algumas das incríveis obras "KAINOS" que a Igreja moderna tem negligenciado. Amplie sua capacidade de sonhar. Envolva seu coração para experimentar. Desperte o desejo de realização máxima em sua vida.

Passo a passo, examinaremos diferentes elementos das novas realidades da criação. Abordaremos tópicos como mudanças de dimensões, viver além da comida e do sono, conhecimento infundido, ver eventos remotos, andar com anjos, transportes milagrosos e muito mais.

Não abrangemos todas as possibilidades neste volume. Ficaria um GRANDE livro. Eu fui breve.

Talvez eu adicione mais à lista em edições futuras.

Meu objetivo é ensinar cada capítulo com base em três pilares - Jesus como o Projeto final, os santos como exemplos que podemos seguir e, então, histórias modernas de pessoas com integridade. Espero que isso lhe dê confiança na autenticidade do que escrevi.

Cada capítulo pode ser lido sozinho como uma meditação ou você pode examiná-los em série. Você pode entrar e sair do livro como quiser.

Você pode terminar este livro com mais perguntas do que respostas - mas tudo bem. Toda verdadeira revelação deve provocar a consciência de que há mais para descobrir. Apenas abrace a beleza do mistério. Essa é a melhor maneira.

Não é um livro perfeito. Tenho certeza de que há aprimoramentos a serem feitos em edições futuras. No entanto, é escrito com paixão e coração. Foi escrito da minha intimidade com Jesus.

Espero que você goste.

PARTE DOIS: ALÉM DO HUMANO

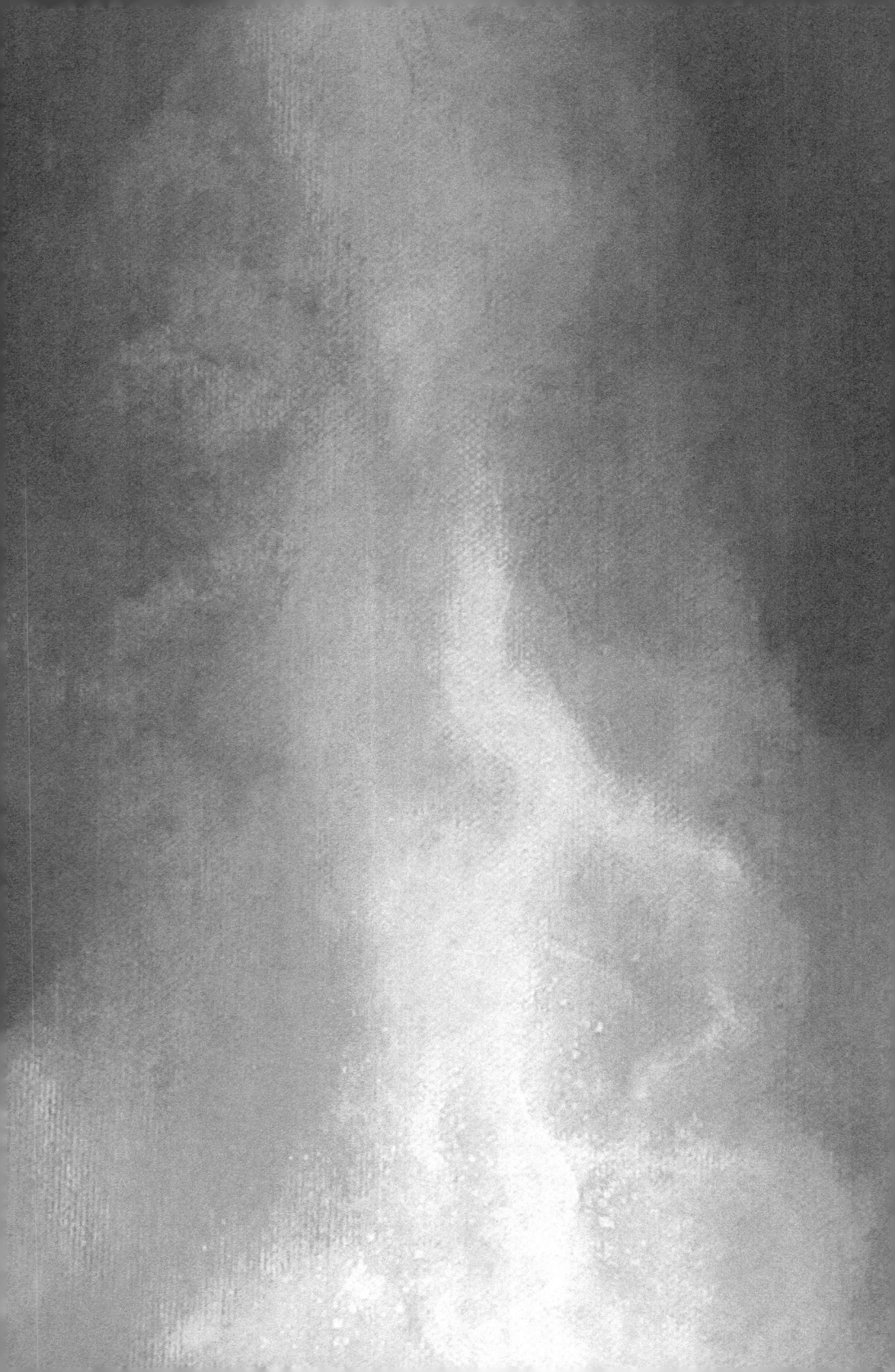

VIVENDO DE SIÃO

"Devemos construir o futuro a partir do invisível."
- Paul Keith Davis[1]

Você já assistiu ao filme Matrix? Se você ainda não viu, experimente, você vai gostar! Eu realmente recomendo. Eu acredito que é uma visão profética para a Ecclesia.

The Matrix é uma parábola sobre novas realidades de criação. Seus temas estão saturados de revelação - desde superar o sistema, alterar o mundo físico e pular prédios até baixar conhecimento instantâneo, parar balas de revolver e voar pelo céu!

Mas a ideia-chave do filme - algo que quero que exploremos agora - é a ideia de que o mundo visível é apenas uma camada da realidade. Que por trás dessa camada vista está o "mundo real" oculto que governa e molda esse mundo. O que chamamos de Reinos Celestiais.

Ao iniciarmos a Parte 2, quero examinar a verdade misteriosa de que agora vivemos enredados no céu. Uma parte de nós está sempre lá com Cristo. Nele temos livre acesso ao invisível. Podemos nos desconectar da Terra e passar algum tempo em Sião por meio do Espírito.

É chocante! É difícil entender. Mas temos que fazer essa transição para o que está por vir. De alguma forma misteriosa, já estamos em casa, entrelaçados com Cristo:

Se então você foi ressuscitado com Cristo, busque as coisas que são de cima, onde Cristo está, assentado à direita de Deus. Ponha sua mente nas coisas do alto, não nas coisas da terra.

Pois você morreu, e sua vida está escondida com Cristo em Deus (Colossenses 3: 1-2).

Para entender o que aconteceu, vamos olhar novamente para Cristo, o nosso protótipo.

Todos concordamos que Jesus veio do céu. Certo? É aqui que fica interessante. Estranhamente, de alguma forma mística, Jesus não saiu completamente do céu. Um pouco de sua essência também permaneceu. Não entre em pânico, isso está na Bíblia! Em João 3:12, Jesus diz a Nicodemos este segredo inspirador:

Se eu te disse coisas terrenas e você não acredita, como você vai acreditar se eu te contar as coisas celestiais? Ninguém subiu ao céu senão Aquele que desceu do céu, isto é, o Filho do Homem que está nos céus (João 3:12).

Isso deve ter cozinhado o macarrão de Nicodemos (Expressão Britânica)! Jesus não apenas falou sobre nascer de novo. Estranho o suficiente! Jesus então acrescentou que ele veio do céu. Em seguida, explodiu a grade, dizendo que ele ainda estava no céu enquanto estava com Nicodemos. Aposto que a cabeça dele doeu!

Vamos ler novamente na Caixa Alta:

E, no entanto, ninguém jamais subiu ao céu, mas há Alguém que desceu do céu - o Filho do Homem [Ele mesmo], que está (mora, tem o Seu lar) no céu.

Incrível né ?! Jesus estava dizendo que estava morando NO CÉU. Era sua casa. Ele revelou para

Nicodemos, um modo de vida superior. Jesus reforçou essa ideia quando disse: Falo o que tenho visto com meu Pai (João 8:38).

Onde Jesus viu o Pai? No céu, é claro - "Pai nosso que está nos céus" (Lucas 11: 2). Foi assim que Jesus aprendeu. Ele se tornaria invisível para ver e ser ensinado.

Noites inteiras foram dedicadas a estar no Espírito com o pai. Para a raça "KAINOS", o Céu é o marco zero onde somos ensinados, revigorados, iluminados e transformados.

Para Jesus, foi NATURAL mudar as dimensões para envolver o mundo celestial. Ele teve livre acesso lá como um filho maduro. Aqui está apenas um exemplo em João 17: 1.

Ele ergueu os olhos para o céu e disse: Pai, é chegada a hora.

Vá mais fundo e você encontrará a frase "ergueu os olhos" que significa literalmente:

Jesus foi "erguido nas alturas (epairo)" para onde "Deus habita (ouranos)"

Ele mudou as dimensões para orar. Ele estava no céu e na terra. Isso é o que o apóstolo João chama de estar 'no Espírito' (Ap 1:10) e meu amigo Ian Clayton chama de 'atravessar o véu'. É normal para nós como filhos "KAINOS" entrarmos no Céu:

Cheguemos, portanto, com ousadia ao trono da graça, para que possamos obter misericórdia e encontrar graça para socorro em tempo de necessidade (Hb 4:16).

A morte não abre essa realidade para nós. Não! É Jesus quem nos dá acesso gratuito agora:

Eu sou a porta Se alguém entrar por mim, será salvo, entrará e sairá e encontrará pasto (João 10: 9).

Podemos entrar e sair! Esta é a mudança dimensional de "KAINOS".

No passado, visitar o céu era considerado raro, apenas para profetas. Isso também vai mudar. Na verdade, a ascensão se tornará tão difundida que a Ecclesia em todo o mundo ascenderá junto e se verá. É verdade! A Bíblia diz isso claramente:

MUITAS pessoas virão e dirão: "Vinde, e subamos ao monte do Senhor, à casa do Deus de Jacó; Ele nos ensinará Seus caminhos e nós andaremos em Seus caminhos ". Pois de Sião sairá a lei, e a palavra do Senhor de Jerusalém (Is 2: 3).

Muitos irão para a Sião celestial como cidadãos da família de Deus.

Agora, portanto, vocês não são mais estranhos e estrangeiros, mas concidadãos dos santos e membros da família de Deus (Ef 2:19).

Esta é a Ordem de Melquisedeque. Um povo celestial movendo-se do invisível. O oráculo afiado da palavra do Senhor vindo de Sião para moldar a Terra. É aqui que estamos agora posicionados, o horizonte de um novo mundo. Este é o padrão de Cristo.

E Ele disse-lhe: "Em verdade, em verdade te digo que vereis o céu aberto, e os anjos de Deus subindo e descendo sobre o Filho do Homem". (João 1:51).

Jesus é o céu aberto. Na união mística, também temos livre acesso aos Céus Abertos. Como João na ilha de Patmos, podemos estar no Espírito e nos voltar para ouvir uma Voz, para ver as sete Lâmpadas e subir ainda mais alto novamente através da Porta aberta. **E, voltando-me, vi sete castiçais de ouro e, no meio dos sete castiçais, Um semelhante ao Filho do Homem, vestido com uma roupa até os pés e cingido no peito com um cinto de ouro (Ap 1: 12-13).**

Em todos os lugares que viajamos para falar, há um número crescente de pessoas tendo encontros celestiais semelhantes. Muitas pessoas estão vendo o mundo invisível de santos e anjos. Eles estão visitando e participando das Cortes, das Bibliotecas, dos Conselhos de Deus, das Salas de Guerra, da caminhada no Éden e muito mais. É realmente um sinal de grande mudança.

Tenho visto em visões e sonhos que centros místicos emergirão por toda a Terra, conectados em Deus. Veremos mais do que qualquer outra geração antes de nós que realmente existe apenas uma família unificada no Céu e na Terra (Ef 3:15). Nós somos um.

Essa convergência será poderosa além de qualquer coisa que vimos antes. Isso vai chocar o mundo de volta ao zelo por Deus com energia, vida e alegria!

O pastor Roland Buck experimentou essa dimensão décadas atrás. Roland estava estudando e orando no escritório de sua igreja, preparando-se para o culto matinal de domingo. De repente, às 22h30, ele foi arrebatado ao céu![2]

Eu estava com a cabeça apoiada no braço na mesa, quando de repente, sem avisar, fui levado para fora daquela sala! Eu ouvi uma voz dizer: "Venha comigo para a Sala do Trono, onde os segredos do universo são guardados!" Não tive tempo de responder; o espaço não significa nada para Deus! Foi como um estalar de dedos - bum - e eu estava lá!

Roland descobriu que o céu era muito mais tranquilo, leve e feliz do que ele jamais imaginou. Deus falou com ele cara a cara e o convidou a fazer perguntas. Foi lindo.

Durante esta visita, Deus realmente me deu um vislumbre glorioso dos segredos ocultos do universo; de matéria, energia, natureza e espaço ...

Roland sentiu que estava ali por vários meses ou até mais. Surpreendentemente, quando ele voltou ao escritório da igreja, apenas cinco minutos terrestres haviam se passado!

De repente, voltei ao meu escritório e me vi com a cabeça na minha mesa, onde eu estava orando. Até aquele exato instante, pensei que estava na Sala do Trono em meu corpo, mas não estava! O Senhor tem um maravilhoso senso de humor e há muito riso e alegria no céu. Eu podia ver a parte de trás da minha cabeça e comentei: "Senhor, eu certamente não sabia que a parte de trás da minha cabeça estava ficando tão branca!"

Eu amo essa história. No tempo que levou para fazer um café, Roland Buck ficou no céu por meses e infundido com conhecimento de eventos futuros, percepções de mistérios e tinha mais de 2.000 escrituras gravadas em sua memória. Esse é o tipo de pausa para o café que eu gostaria de ter!

Deus me deu iluminação especial em mais de 2.000 versículos da Bíblia. Instantaneamente, eu conheci esses versículos e suas referências bíblicas de memória. Não tenho como explicar como foi feito! Não preciso relembrá-los - é como vê-los sempre que eu desejar.

Estou te dizendo, uma mudança repentina está chegando até nós. Pessoas em todo o mundo terão experiências semelhantes às de Roland Buck. Isso vai quebrar o status quo e quebrar as algemas da religião.

Há uma raça "KAINOS" emergindo que será sustentada pela atmosfera do céu. Eles não apenas viverão no Espírito, mas no final das contas, parte deles permanecerá no céu para sempre.

Rick Joyner diz:

Há uma porta aberta no céu e há um convite para que passemos por ela. Aqueles que atenderem a esse chamado serão arrebatados pelo Espírito, como resultado, sempre verão Aquele que está sentado no trono. Este é o propósito final de toda verdadeira revelação profética - ver o glorioso Cristo ressurreto e a autoridade que Ele agora tem sobre tudo.[3]

Alguém que acredito que está tocando isso é Nancy Coen, uma poderosa missionária para o mundo islâmico. Uma vez perguntei quantas vezes ela foi para o céu. Ela sorriu e disse:

Querido, a verdade é que estou sempre no céu.

Seus olhos brilharam e eu sabia que era verdade. Ela brilha com a glória. Nancy passou literalmente centenas de horas sendo ensinada por Jesus, santos e anjos no céu.

O falecido Bob Jones é outro místico moderno que confundiu as fronteiras entre o Céu e a Terra. Bob costumava brincar sobre pessoas esperando para serem arrebatadas na segunda vinda, quando ele era arrebatado para o céu cinco vezes por dia! Para Bob, isso era normal. Ele era amigo de Deus, e os amigos se encontram com frequência!

Pai, eu quero que aqueles que você me deu estejam comigo, bem onde eu estou, para que possam ver a minha glória, o esplendor que você me deu, tendo me amado muito antes de haver um mundo (João 17:24, MES).

O desejo de Jesus está implorando para ser atendido! Não quando morremos, mas enquanto estamos vivos!

Embora eu possa dizer muito mais, o espaço é curto. Quero terminar este capítulo com mais uma história dos santos. Você já conhece este grupo? Eles foram chamados de "Golden Candlestick". O Profeta James Maloney foi uma testemunha ocular do que aconteceu durante seus momentos de oração celestial:

Assim que todos começaram a cantar em línguas, o poder de Deus caiu como uma névoa densa e densa. Foi impressionante. Eu podia ouvir as pessoas, mas não conseguia vê-las. Demorou alguns minutos para meus olhos se ajustarem o suficiente para ver a pessoa ao meu lado ...

O teto estava oculto por uma nuvem roxa em turbilhão - às vezes, penas giravam dentro da nuvem. Fora da nuvem, muitas vezes se ouvia o riso audível de crianças exultantes. Era realmente um céu aberto, um portal espiritual como a escada de Jacó. Houve inúmeras vezes que os vinte e quatro anciãos participaram da adoração.

E apenas um ir e vir consistente de hostes angelicais ... Havia fogueiras (a única palavra que posso usar para descrevê-las) que eram os anjos caindo da nuvem acima para o andar abaixo. Quando as fogueiras atingiram o solo, podia-se ver os pés dos anjos surgindo das chamas.[4]

Este grupo turvou dimensões por mais de cinquenta anos, viajando fisicamente para o Céu, retornando com sandálias e roupas entrelaçadas com jóias e fios de ouro. Ele demonstrou o que está chegando globalmente à Terra.

Parece bom demais para ser verdade? Este é o Evangelho!

Rick Joyner diz: Isso não é fantasia. O verdadeiro Cristianismo é a maior aventura que alguém pode ter nesta Terra. A verdadeira vida da igreja, da maneira como deveria ser, é uma experiência sobrenatural. É a vida de outro reino além desta terra que traz vida verdadeira para a Terra.[5]

O convite foi feito para seguirmos os passos de Enoque, Elias, João e os santos. Como começamos? Eu aprendi que é simples - pela fé nós entramos. Simplesmente acredite! Pela fé, Enoque foi levado!

Por causa da fé, Enoque foi arrebatado e transferido para o céu (Hb 11: 5, AMPC).

Fé é acreditar que Deus nos escondeu no Céu em Cristo (Colossenses 3: 3). Que Deus quer que vamos lá experiencialmente. A porta está sempre aberta. Somos convidados a unir-nos a Sião. Somos limpos, santos e aceitos no Amado. A partir dessa postura de inocência, entramos no véu.

Fé é dar o primeiro passo, mesmo quando você não vê a escada inteira.[6]

Meu amigo Ian Clayton ensina uma maneira muito simples de ativar a passagem através do véu. Ian diz, dê um passo físico em direção ao reino do céu[7], mova seu corpo e acredite que você está realmente entrando e saindo de Sião. Imagine que cada vez que você faz isso, você está cruzando dimensões. Envolva-se com o Céu pela fé.

Através da prática, seus sentidos espirituais serão ativados. Você começará a ter novas experiências. Esta é a lei da **honra e do foco**. Foi assim que Enoque começou sua jornada ao Céu, por meio da fé simples de uma criança. Por fim, Deus levou Enoque para lá permanentemente. Enoque está agora vivendo em um estado glorioso de expansão. Você não quer isso?!

Experimente hoje.
Apenas dê um pequeno passo.
Você pertence a Sião!

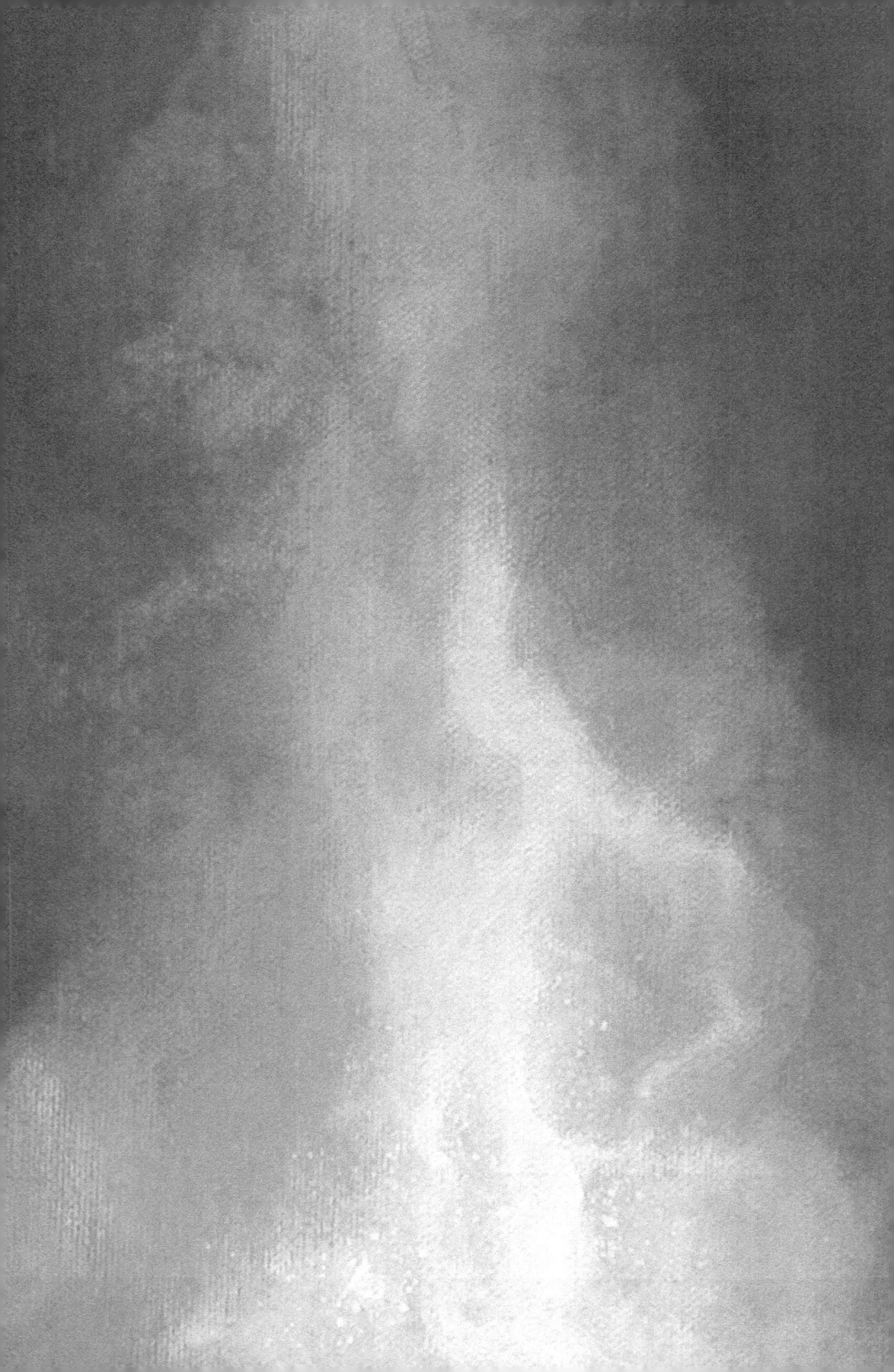

COMUNIDADE ANGELICAL

Você veio a milhares de anjos reunidos com alegria (Hb 12:22, EXB).

No capítulo anterior, falamos sobre 'Viver de Sião'. Espero que tenha gostado!

Amo escrever sobre o céu e pensar sobre isso. Temos um Evangelho tão doce! Um Evangelho que diz que somos incluídos e inocentes. Somos aceitos e amados. Estamos em casa!

Mas agora, uau! Tudo mudou; vocês descobriram que estão localizados em Cristo. O que antes parecia tão distante agora está tão próximo; seu sangue revela sua inocência redimida e autêntica gênese (Ef 2:13, MIR).

A jactância alegre nas obras consumadas de Cristo continua neste próximo capítulo.

Vou falar sobre os santos anjos - nossa comunidade ampliada na nova criação. Uma linda família misteriosa que nos rodeia e está ativamente envolvida em tudo o que fazemos.

Esta é a nossa comunidade oculta "KAINOS". Uma comunidade sagrada que nos ama muito e tem os melhores interesses em mente. Uma família que nos incentiva com um incentivo infinito.

Parece bom, não é ?!

Então vamos começar com o Evangelho, a "Mensagem Feliz" mais uma vez.

Como eu disse antes, repetindo as palavras de Paulo, o Evangelho nos tira da condição humana e nos coloca em um novo mundo eterno, uma realidade "Além da Humanidade".

Se alguém está em Cristo ... ele está em um novo mundo (SER).

A religião transmite atraso e distância, mas Paulo diz que o Evangelho é AGORA! O novo já começou. Estamos limpos, mudados e preparados para o futuro hoje. A morte não nos qualifica. Jesus já cumpriu tudo o que era necessário na cruz. Ele rasgou o véu totalmente aberto. Agora temos livre acesso aos mundos invisíveis do Reino. Este é o Evangelho!

Agora é o dia da salvação! O céu está tão perto quanto sua mão.

Na verdade, o reino de Deus está dentro de você (Lucas 17:21).

Não devemos nos surpreender com isso! O céu está em casa, em nós.

Tudo o que temos que fazer é abrir nossos corações à sua presença e as dimensões invisíveis ao nosso redor também se abrirão. Tornamo-nos conscientes dos reinos superiores e de outros seres celestiais. Em Cristo nos tornamos cientes dos anjos!

Nós percebemos pouco a pouco, que esses seres celestiais estão intimamente conectados e se preocupam conosco.

Na verdade, descobrimos que eles estão em todos os lugares que simplesmente não víamos antes.

Ele dará a Seus anjos [especial] a responsabilidade de acompanhá-lo, defendê-lo e preservá-lo em todos os seus caminhos [de obediência e serviço] (Salmos 91:11, AMPC).

Uma das minhas histórias favoritas é a fuga de Pedro da prisão.

Pedro estava dormindo entre dois soldados. Ele foi amarrado com duas correntes. Soldados pararam na porta e observaram a prisão. De repente, um anjo do Senhor foi visto ao lado dele. Uma luz brilhou no prédio. O anjo bateu na lateral de Pedro e disse: "Levante-se!" Então as correntes caíram de suas mãos. O anjo disse: "Coloque o cinto e os sapatos!" Ele fez. O anjo disse a Pedro: "Vista o casaco e siga-me".

Pedro o seguiu. Ele não tinha certeza do que estava acontecendo enquanto o anjo o ajudava. Ele pensou que era um sonho. Eles passaram por um soldado, depois por outro. Eles chegaram à grande porta de ferro que dá acesso à cidade, ela se abriu sozinha e eles passaram. Assim que subiram uma rua, o anjo o deixou.

O que aconteceu a seguir é muito estranho e muitas vezes esquecido. Pedro voltou para a casa segura da igreja. Ele bateu no portão:

(O servo) entrou correndo e anunciou que Pedro estava diante do portão. Mas eles disseram a ela: "Você está fora de si!" No entanto, ela continuou insistindo que era assim. Então eles disseram: "É o anjo DELE". Agora Pedro continuou batendo; e quando eles abriram a porta e o viram, ficaram surpresos. (Atos 12: 12-16).

Eu amo isso! Eles ficaram mais surpresos por ser Pedro do que por seu anjo!

De acordo com John Paul Jackson, isso indica que os anjos estavam frequentemente presentes:

Bem, nos primeiros dias, isso deve ter sido uma ocorrência bastante comum. Podemos supor isso, porque quando Pedro foi libertado da prisão e a serva foi abrir a porta... era mais provável que um anjo aparecesse do que Pedro sairia da prisão.

Você sabe que é comum porque há algo que não aconteceu. O que é que foi isso? Você está sentado em uma refeição noturna. Você está comendo. Alguém abre a porta e diz que é o anjo de Pedro. O que você vai fazer? Você vai continuar comendo? Eu não! Vou

me levantar e dar uma olhada no anjo. Eles não fizeram isso. Eles apenas continuaram comendo. Isso indica que as aparências angelicais eram bastante comuns.

Hoje, não são tão comuns. Mas tenho a sensação de que vão se tornar cada vez mais comuns.[4]

Não é incrível ?! Isso deve nos desafiar hoje. Quando foi a última vez que pensamos assim ?! Quando foi a última vez que foi normal que seres angelicais visitassem nossas reuniões de forma visível?

Isso vai mudar! O Espírito tem desmistificado progressivamente os anjos em nossa geração, preparando nossos corações para um grau mais alto de relacionamento. Estamos no auge de um momento de mudança profunda, cruzando o horizonte de eventos para o destino.

Existem testemunhos no passado, que mostram o que está por vir. Um desses testemunhos é o que aconteceu ao pastor americano Roland Buck na década de 1960. Ele tinha conversas cara a cara regularmente com Gabriel e outros anjos.

Aqui está um de seus primeiros encontros: **Logo depois de ir para a cama, notei um brilho azulado vindo da escada. Eu sabia que estava muito escuro para ser a luz da escada, então pensei que possivelmente tinha deixado uma luz acesa em um dos quartos do andar de baixo. Levantei-me e comecei a descer para desligar a luz. Eu estava no meio da escada quando a luz se acendeu!**

Diante de mim estavam dois dos maiores homens que já vi na minha vida! Fiquei chocado! Eu não estava exatamente assustado, mas havia uma tal irradiação de poder divino que vinha deles, um brilho da presença de Deus, que eu não conseguia ficar de pé! Meus joelhos dobraram e comecei a cair! Um desses seres enormes estendeu a mão, segurou-me e minha força voltou!

Ele simplesmente me disse que era o anjo Gabriel! Fiquei pasmo! Será este o mesmo Gabriel sobre o qual li na Bíblia? O impacto das primeiras visitas foi muito menos terrível do que agora, porque ali

estava ele, tão claramente visível quanto qualquer homem terreno, e se apresentou como o anjo Gabriel! É impossível descrever meus sentimentos de admiração e espanto! Então ele me apresentou ao segundo anjo cujo nome era Chroni! Chroni? Esse é um nome peculiar. Nunca ouvi falar disso! (...) Nunca pensei que todos os anjos tivessem nomes e, como descobri, todos tivessem aparências diferentes! Eu perguntei a Gabriel: "Por que vocês dois estão aqui?" Ele apenas disse que o Espírito Santo os havia enviado, e então Gabriel imediatamente começou a me contar algumas belas verdades.**[5]**

Roland Buck passou horas conversando com Gabriel. Eles ficaram muito mais tranquilos e felizes do que você poderia imaginar. Eles até brincaram com o cachorro!

Temos muito que aprender sobre os anjos. Você não quer saber mais? Podemos aprender muito com eles.

Tenho visto em visões proféticas que, em nossa vida, vamos conversar cara a cara com anjos, assim como Roland Buck. Haverá até reuniões na Ecclesia, onde todos os veremos. Este será de fato o novo modelo para as mesas redondas apostólicas. Estaremos no céu na terra. Permanecer no Conselho de Deus. Mesmo vendo Jesus e os santos. Assim como Enoque. Parece exagero, mas não é! É simplesmente uma geração voltando ao projeto original, caminhando com Deus face a face.

Há muito mais que eu poderia dizer sobre os anjos preciosos. Talvez um dia eu escreva um livro sobre eles. Compartilhe algumas histórias malucas. Isso seria divertido!

Talvez você esteja lendo isso agora, está com fome e não sabe por onde começar. Eu também estou começando. Você não está sozinho. Vou te dizer como funciona para mim. Talvez isso te ajude.

Comecei dizendo a Deus: "Eu valorizo os anjos. Eu quero andar com anjos. Deixe-os vir, Senhor! " Em seguida, honrei as pessoas que já haviam feito isso. Pessoas como Gary Oates, que escreveu o livro inspirador "Abra Meus Olhos, Senhor".6 Eu diria a Deus: "Eu honro Gary Oates. Eu quero o que ele teve. Quero isso!" Mantive uma postura de amor, valor e honra. Esse tipo de abordagem atrai o céu. Você é poderoso. Deus deu a você escolha. Escolhi andar com os anjos, então pedi permissão do Céu para vivenciá-los. Jamais esquecerei o primeiro dia em que vieram como um grupo. Mas essa é outra história!

No próximo capítulo, vamos expandir essa comunidade transdimensional "KAINOS" falando sobre outro grupo emocionante de novos amigos que você tem em Cristo - a 'Nuvem de Testemunhas' (os santos no Céu).

Você não está sozinho!

NUVEM DE TESTEMUNHAS

Todas essas muitas pessoas que tiveram fé em Deus estão ao nosso redor como uma nuvem (Hb 12: 1, NLV).

Cada jornada começa com um pequeno passo. Não tenha pressa. É importante aproveitar o passeio. Aproveite o processo de crescimento para a filiação. É realmente lindo!

Sem medo e cheios de fé, continuemos nossa aventura. Eu quero falar com você sobre os santos no céu, também chamados de 'Nuvem de Testemunhas'.

Se, como eu, você foi criado nos círculos da Igreja evangélica, você pode ter aprendido que os santos estão apenas de férias o tempo todo, adorando ou desfrutando de mansões e parques no céu!

Isso é parcialmente verdade! Eles estão tendo um momento brilhante. Como CS Lewis disse com razão:

A alegria é o negócio sério do Céu![1]

O céu é um lugar muito feliz! Deus está sentado no céu e ri (Salmos 2: 4). Os anjos dão festas (Lucas 15:10). Todos eles se reúnem em uma grande assembléia festiva (Hb 12:22). É demais!

No entanto, existem muitos no céu que têm responsabilidades. Alguns estão até sentados em tronos.

Eles estão reinando agora com Cristo.

Aquele que vence (é vitorioso), vou conceder-lhe que se sente ao meu lado no meu trono, como Eu mesmo venci (fui vitorioso) e me sentei ao lado do meu Pai no seu trono (Ap 3:21, AMPC).

Rick Joyner, do Morning Star Ministries, foi levado ao céu e viu isso em primeira mão. Em seu livro inovador A Batalha Final, Rick escreve:

Quando me aproximei do tribunal de Cristo, aqueles nas posições mais altas também estavam sentados em tronos que faziam parte de Seu trono. Mesmo o menor desses tronos era muito mais glorioso do que qualquer trono terreno. Alguns deles eram governantes dos assuntos do Céu e outros dos assuntos da criação física, como sistemas estelares e galáxias.[2]

O próprio Jesus é o padrão para isso, mesmo agora no céu. Ele nos mostra como devemos viver como filhos maduros.

Jesus Cristo fiel e Testemunha confiável, o Primogênito dos mortos [primeiro a ser trazido de volta à vida] e o Príncipe (Governante) dos reis da terra (Ap 1: 5, AMPC).

Jesus é a testemunha final. Ele terminou o curso. Ele completou a obra do Pai e permanece para sempre na Ordem eterna de Melquisedeque (Hb 7:17).

Agora deixa eu te fazer uma pergunta. Quero que você pense sobre isso, porque é importante. Jesus está apenas curtindo o céu agora e não fazendo nada além de celebrar?

A resposta óbvia é não! A Escritura diz que Ele está intercedendo (Hb 7:25), reinando (1 Cor 15:25), revelando (Ap 1:11), preparando (João 14: 2), liderando (Colossenses 1:18) e ficando contra o inimigo (Ap 12:10). Ele está vivo e muito ativo!

Se esse é o caso de Jesus, e ele é o nosso modelo, por que então a Igreja parece pensar que os santos vencedores estão apenas jogando ou fazendo piqueniques no céu? É bizarro! Temos essa ideia estranha de que o paraíso é um clube de aposentadoria épico.

Eu descobri que o oposto é verdadeiro. Os santos fiéis estão totalmente envolvidos no governo do Céu, completando os atos escritos nos 'Livros do Destino' (Salmos 139: 16). Eles são a Ecclesia no Céu, trabalhando com a Ecclesia da Terra, juntos como uma família.

Ajoelho-me ao Pai de nosso Senhor Jesus Cristo, de quem toda a família no céu E na terra é chamada (Ef 3:14).

Para que na dispensação da plenitude dos tempos Ele possa reunir em UMA todas as coisas em Cristo, tanto as que estão no céu como as que estão na terra - Nele (Ef 1:10).

Eles não estão aposentados, habitando outra dimensão com um tipo diferente de corpo, eles estão trabalhando junto a nós, ainda plenamente vivos e engajados com o cosmos. Em união com Deus, eles se aproximam e nos cercam, agora mesmo nos incentivando.

Hebreus 12: 1 diz:

uma grande multidão de testemunhas está ao nosso redor! (CEV)
grande multidão de homens de fé nos observando (TLB)
estamos cercados (VOI)
nos cercando (RHM)
em todos os lados (TCNT)
grande multidão de espectadores (WMS)

A ideia contida neste versículo é que eles são muito próximos. Estamos em sua atmosfera. Tão perto quanto sua mão segura o rosto. Toda distância foi cancelada na cruz. Nós somos um!

O escritor americano Roberts Liardon viu as testemunhas ainda muito jovem. Ele foi tirado de seu quarto para o céu por Jesus. Roberts escreveu sobre isso em um livro chamado *We saw Heaven*. Ele disse:

Passamos por algo que eu nunca esperava ver no céu, que me pareceu na época a coisa mais engraçada que eu já tinha visto. No

entanto, quando pensei nisso mais tarde, foi uma das cenas mais comoventes e encorajadoras de minha caminhada cristã com Deus ... Eu vi a grande nuvem de testemunhas.

Eles estão cientes do que a igreja está fazendo espiritualmente. Quando estou pregando, por exemplo, eles estão me incentivando, gritando: "Faça isso ... faça aquilo ... vá!" Quando chega o "intervalo", cada um deles ajoelha-se e começa a orar. O intervalo é hora de oração. Então eles se levantam e começam a torcer novamente. É como se estivéssemos em um grande jogo, sério e real - não apenas para diversão! E temos alguns fãs torcendo por nós. Eles estão nos apoiando 100%, dizendo "Vá! Vá buscá-los! Isso mesmo, vá! "

Se entendêssemos claramente a escritura sobre a existência de uma família no céu e na terra, ouviríamos em nosso espírito o que nossa família no céu está dizendo. Se pudéssemos ouvir aquela "nuvem de testemunhas", teríamos sucesso em todas as áreas de nossas vidas.

Isso é o que Jesus quer que vejamos agora. Podemos estar em tempos sombrios, mas estamos rodeados de aliados. Nesta era "KAINOS", a fina membrana ilusória entre nós e eles está se dissolvendo.

Novamente, a vida de Jesus na Terra testificou-nos como deve ser esse relacionamento dinâmico. Na montanha, Elias e Moisés, dois dos grandes heróis, apareceram para torcer por ele.

De repente, lá no topo da montanha estavam Moisés e Elias, aqueles ícones da fé, amados de Deus. E eles conversaram com Jesus (Mat 17: 3, VOI).

A tradução da mensagem diz "Eles estavam em uma conversa profunda". Eu amo isso!

Você não quer isso? Eu encontrei os santos muitas vezes. Cada encontro mudou minha vida.

Eu até descobri que eles estão conectados a nós em um nível que ainda não entendemos. A verdade é que precisamos que toda a Igreja trabalhe em conjunto como um corpo místico. Não podemos terminar esta missão cósmica sozinhos.

Tendo obtido um bom testemunho pela fé, não recebeu a promessa, Deus tendo preparado algo melhor para nós, para que eles não fossem aperfeiçoados longe de nós (Hb 11: 39-40).

Só juntos veremos a transformação da Terra. Tudo isso é ideia de Deus.

Estou convencido de que o aparecimento dos santos vai se intensificar. Existem dicas do que está por vir em Mateus 27: 50-53. É uma história surpreendente, quase difícil de acreditar!

E Jesus clamou de novo em alta voz e rendeu o Seu espírito. Então, eis que o véu do templo se rasgou em dois, de alto a baixo; e a terra estremeceu, as rochas se partiram e as sepulturas foram abertas; e muitos corpos de santos que haviam adormecido foram ressuscitados; e saindo das sepulturas após Sua ressurreição, eles foram para a cidade santa e apareceram a muitos.

Você leu isso? Os santos entraram na cidade sagrada! Eles realmente andaram pela cidade com novos corpos. Não é alguma coisa ?! É assim que nos tornamos unificados na cruz. Esse é o poder da Vida revelado no Evangelho - a 'Mensagem de Alegria'.

Como diz o cantor britânico Godfrey Birtill:

Dois mil anos atrás, nós sangramos em um, toda distância foi cancelada em Cristo e a separação é uma ilusão, uma mentira.[4]

Eu amo a seguinte definição de Igreja, aceita conjuntamente por católicos e evangélicos:

A Igreja é o povo de Deus, o corpo e a noiva de Cristo e o templo do Espírito Santo. A única Igreja universal é uma família transnacional, transcultural, transdenominacional e multiétnica, a família da fé. No sentido mais amplo, a Igreja inclui todos os

remidos de todos os tempos, sendo o único corpo de Cristo estendido ao longo do tempo, bem como do espaço.⁵

Seguindo a partir da cruz, os santos continuaram ao longo dos tempos a aparecer a muitos cristãos, tanto em visitas ao Céu como também na Terra. Na verdade, Atos registra uma história realmente divertida sobre o aparecimento de dois homens ('homens de branco' - sempre uma revelação nas Escrituras!). Veja isso:

Quando Ele (Jesus) terminou esta comissão, Ele começou a se levantar do chão diante de seus olhos até que as nuvens O obscurecessem de sua visão. Enquanto eles se esforçavam para ter um último vislumbre dEle indo para o céu, os (apóstolos) do Senhor perceberam que dois homens com vestes brancas estavam entre eles.

***Dois homens: Galileus, por que vocês estão parados aqui olhando para o céu? Este Jesus que está deixando você e subindo ao céu retornará da mesma forma que você O vê partindo*(Atos 1: 9-11, VOI).**

Hilário! Acho essa história muito engraçada! Dois santos receberam uma missão na Terra (o que Bill Johnson chama de "licença da costa") para perguntar por que eles estão olhando para cima ?! Não é óbvio ?! Jesus simplesmente explodiu suas mentes, levitando e desaparecendo. Percebi que a comédia foi ideia de Deus! Você tem que ter um senso de jogo e alegria para estar perto Dele. Ele é o Deus bem feliz (1 Tim 1:11).

Depois da época do livro de Atos, os santos celestiais continuaram a aparecer na Terra ao longo dos tempos. Os livros de história estão abarrotados de histórias deles vindo para ensinar, confortar e às vezes até ajudar. Eles costumam aparecer quando alguém está morrendo. Eles vêm para honrar suas vidas e acompanhá-los ao céu. Eu poderia escolher tantas histórias, mas como o espaço é curto, vou lhe dar uma das minhas favoritas.

É tirado da vida de José de Copertino.⁶José estava orando na igreja à noite e um ser demoníaco entrou na sala para tentar intimidá-lo, soprando as velas. Veja o que acontece a seguir!

Os espíritos infernais [demoníacos] trataram José como seu inimigo. Uma noite, o servo de Deus estava diante do altar de São Francisco, na Basílica de Assis, quando ouviu a porta se abrir com violência e viu entrar um homem, que avançava tão ruidosamente que seus pés pareciam revestidos de ferro. O santo o observou atentamente e viu que, ao se aproximar, as lâmpadas se apagaram, uma a uma, até que finalmente todas se apagaram e o intruso ficou ao seu lado na escuridão total.

Imagine isso! Você está no escuro com esse ser maligno parado na sua frente. Muito assustador!

Em seguida, o diabo, pois era ele, atacou José furiosamente, jogou-o no chão e tentou estrangulá-lo. José, no entanto, invocou [chamado por] São Francisco, e o viu sair de seu túmulo e reacender com uma pequena vela todas as lâmpadas, cujo brilho o demônio subitamente desapareceu. Por causa dessa ocorrência, José deu a São Francisco o nome de "Acendedor da Igreja".

Isso não é incrível! Eu acredito nisso. São Francisco disse uma vez:

Toda a escuridão do mundo não pode apagar a luz de uma única vela.[7]

Ele estava certo e viu isso cumprido mesmo depois de sua morte. A vela ainda queimava.

Se você pode ver o futuro, você pode fazer parte do futuro. Os santos viram nossos dias pela fé. A 'Nuvem de Testemunhas' vive conosco em seus corações, nos amando como avós. Com permissão para nos encorajar conforme o Espírito nos guia, eles estão intimamente ligados às nossas vidas, não sendo completos separados de nós (Hb 11: 39-40). Eles querem que tenhamos sucesso com eles.

Você gostaria de experimentar mais desta comunidade em sua própria vida? Tenho certeza que sim. Nunca devemos nos sentir sozinhos. Paul Keith Davis (White Dove Ministries), encontrou a conexão entre honrar os santos e a manifestação:

Estou convencido de que o que você fala vem. Se você fala sobre anjos, eles vêm. Se você falar sobre os heróis da fé, eles vêm. Se você falar sobre o que eles fizeram e os mantos que carregavam e lutavam por isso nesta geração, então o que você está dizendo entrará na sala. Estamos sendo vigiados! Você está sendo vigiado.[8]

Foi assim que tudo começou para mim - li livros sobre a vida dos santos, contemplando e meditando sobre como o Senhor se movia através deles, orando e envolvendo o Céu pela fé. Por fim, descobri que o Senhor me apresentou a seus queridos amigos.

Uma das mais recentes foi em setembro de 2015. De forma bastante inesperada, a mística francesa Madame Guyon veio em Espírito à nossa casa. Ela humildemente se ajoelhou diante de mim, orando em silêncio. A Presença de Deus percorreu toda a casa. Minha esposa Rachel desceu para ver o que estava acontecendo. Foi precioso e mudou minha vida.

Você não quer suas próprias experiências como esta? Então viva com o coração aberto.

Há algo em uma postura de honra e desejo que atrai a substância do céu. É simples assim. A vida flui pela honra.

A verdade é que você não está sozinho. Você nunca estará sozinho.

Todas as ilusões de distância foram totalmente canceladas em Jesus.

Nós somos um.

TELEPÁTICO POR DESIGN

Jesus conhecia seus pensamentos (Mateus 12:25).

Nos próximos dois capítulos, vamos construir nosso mundo "KAINOS", observando uma nova maneira de nos comunicarmos no Espírito. Uma habilidade inestimável que se ativa mais plenamente à medida que amadurecemos com Cristo. A mídia chama essa habilidade de 'telepatia'. Os cientistas às vezes chamam de 'rádio mental'.

Não se apavore! Eu sei como isso pode soar desafiador e controverso. Por favor, fique comigo. Você não apenas terá a certeza de que é inteiramente bíblico, mas verá que é algo que Jesus fazia todos os dias.

Você também ficará animado com as possibilidades que o aguardam como um ser "KAINOS". Assim como Jesus, você está destinado a se tornar cada vez mais telepático. É NATURAL na nova ordem de vida da criação. É o futuro.

Dictionary.com define telepatia como -

A comunicação entre pessoas de pensamentos, sentimentos, desejos, etc., envolvendo mecanismos que não podem ser compreendidos em termos de leis científicas conhecidas.

A palavra "tele" significa simplesmente "à distância" (como tele-visão). Enquanto "patia" significa percepção ou empatia. Teólogos católicos têm uma palavra para isso. Eles chamam isso de "cardio-gnose" que significa "conhecimento de coração a coração". Não é lindo?

Em 1930, um homem chamado Upton Sinclair escreveu um livro famoso sobre isso, chamado Rádio Mental. Ele propôs que a telepatia era um fenômeno científico. Upton baseou-se em muitos experimentos interessantes com sua esposa e amigos próximos. Albert Einstein endossou este livro pioneiro incomum e disse que valia a pena explorar a ideia:

(Rádio mental) merece a mais séria consideração, não só dos leigos, mas também do psicólogo de profissão.[1]

Apesar de não entenderem totalmente o que estava acontecendo, Sinclair e Einstein acreditavam que havia algo oculto acontecendo. Algo que a ciência não entende ... ainda!

Em 1924, outro cientista Hans Berge também testemunhou a telepatia em ação. Ele teve um perigoso acidente com um cavalo e quase morreu. De alguma forma, sua irmã percebeu que isso aconteceu.

Hans Berger, o alemão que registrou o primeiro eletroencefalograma humano (EEG) em 1924 ... caiu enquanto andava a cavalo e quase foi atropelado por uma parelha de cavalos correndo pela estrada a centímetros de sua cabeça. Sua irmã, a muitos quilômetros de distância, percebeu o perigo e insistiu para que seu pai enviasse um telegrama para descobrir o que estava errado. Ela nunca havia enviado um telegrama antes, e a experiência deixou Berger tão curioso que ele deixou de estudar matemática e astronomia e passou a estudar medicina na esperança de descobrir a fonte daquela energia psíquica.

Você já teve algo assim? Você sabia que algo estava errado com um amigo. Você não sabe como. Você apenas sabia.

Anos atrás, lembro-me de uma forte necessidade de telefonar para minha amiga Mary. Algo estava acontecendo seriamente! Liguei para Mary imediatamente. Acontece que ela passou por uma situação muito desagradável naquele dia no trabalho. Ela morava sozinha e o tempo das ligações era perfeito.

É estranho, mas todos nós fazemos isso. Pensamos em um amigo e, de repente, ele nos envia uma mensagem no Facebook ou liga. Como isso acontece? Começamos a cantar e outra pessoa disse: "Eu estava pensando naquela música!" Encontramos uma pessoa pela primeira vez e algo não parece certo. Como você sabia que eles não eram confiáveis?

Ou você já percebeu que duas pessoas costumam ter a mesma ideia ao mesmo tempo? Quantas vezes são lançados dois novos filmes ou duas tecnologias quase idênticas? Na verdade, é tão comum que os cientistas tenham um nome específico para isso, que eles chamam de "efeito múltiplo":

Existe um fenômeno fascinante na ciência conhecido como "efeito múltiplo". O efeito múltiplo ocorre quando várias pessoas isoladas geograficamente umas das outras fazem exatamente a mesma descoberta ao mesmo tempo. Pessoas que não têm absolutamente nenhuma comunicação umas com as outras encontram exatamente as mesmas descobertas e invenções ao mesmo tempo, muitas vezes sem perceber que sua ideia já foi recentemente apresentada ao público por alguém que está trabalhando no mesmo problema.[3]

Está crescendo a evidência de que as pessoas podem se conectar fora do paradigma atual da física. Em 2014, os cientistas deram a notícia de que haviam enviado com sucesso uma mensagem mental:

Os cientistas enviaram uma "mensagem mental" de uma pessoa para outra a 6.000 quilômetros de distância, no que afirmam ser o primeiro experimento de telepatia bem-sucedido do mundo. Eles conectaram uma pessoa em Mumbai, Índia, a um fone de ouvido sem fio conectado à internet, e outra pessoa a um dispositivo semelhante em Paris. Quando a primeira pessoa simplesmente pensou em uma saudação como 'ciao', palavra italiana para 'olá', o destinatário na França percebeu o pensamento ocorrendo.[4]

Incluí a ciência para fazer você pensar.

A questão mais importante para nós é: o que a Bíblia diz? Jesus era telepático? Podemos ver isso nas Escrituras? A resposta simples é sim"! Absolutamente! Está em toda a Bíblia. Era NORMAL que Cristo ouvisse os pensamentos íntimos ocultos. Verifique os seguintes versos com olhos inocentes da nova criação. É incrível!

Mas Ele, conhecendo seus pensamentos, disse-lhes (Lucas 11: 17-18).

Jesus, conhecendo seus pensamentos, disse:

"Por que você pensa o mal em seus corações?" (Mat 9: 3-5).

Mas Jesus conhecia seus pensamentos e disse-lhes (Mateus 12:25).

Jesus foi ao cerne da verdadeira questão do coração interior. Visando os motivos secretos da alma. Ele frequentemente respondia não às palavras faladas, mas aos seus anseios mais secretos e profundos, às verdadeiras perguntas. No céu, o coração fala mais alto que a língua.

**Jesus sabia o que estava em seus corações (João 2:24, DAR).
Eu conheço os pensamentos e sentimentos de todos (Ap 2:23, CEV).**

Faço um raio-X de todos os motivos (Ap 2:23, MSG).

Este é um dos meus favoritos:

Mas Jesus não confiou sua vida a eles. Ele os conhecia por dentro e por fora, sabia o quão indignos de confiança eles eram. Ele não precisava de ajuda para ver através deles (João 2:24, MSG).

Ele viu através deles! Oh cara, precisamos disso hoje!

Jesus veio como luz e verdade. Ele estava funcionando livre de ilusões externas. Ninguém poderia enganá-lo com sua bela aparência, títulos ou palavras educadas. Ele não iria jogar os jogos mentais humanos e negociar com mentiras. Facebook e Twitter não impressionariam!

Pois o Senhor sonda todos os corações e mentes, e entende cada intenção e inclinação dos pensamentos (1 Crônicas 28: 9, AMP) ... pois como ele pensa em seu coração, assim é (Pv 23: 7).

No entanto, em tudo isso, Deus viu através das lentes do Amor. Ele viu o tesouro escondido. Tirou as pessoas da ilusão e das prisões mentais, despertando os perdidos. Trazendo-os de volta ao mundo real.

Jesus não usou a telepatia para condenar a humanidade. Ele veio para nos mostrar que Deus é por nós. Ele veio para trazer justiça aos necessitados e liberdade aos cativos.

Ele [Jesus] não julgará pelas aparências, não decidirá com base em boatos. Ele julgará os necessitados pelo que é certo, tomará decisões sobre os pobres da Terra com justiça. (Is 11: 3, MSG).

Cardio-gnose ou telepatia não tem a ver com condenar ou tratar mal as pessoas. É simplesmente viver de uma perspectiva mais elevada. É a alegria de conhecer e ser conhecido. Ser vulnerável e honesto um com o outro. Caminhando na Luz em verdadeira comunidade.

Você pode imaginar Jesus sem essa habilidade? Eu não posso. Então por que você se imagina sem essa habilidade?

A vida exata em Cristo agora se repete em nós. Estamos sendo co-revelados na mesma bem-aventurança; estamos unidos em unidade com ele, assim como a vida dele o revela, a sua vida o revela! (Colossenses 3: 4, MIR).

Pois Ele é o Espelho de você!

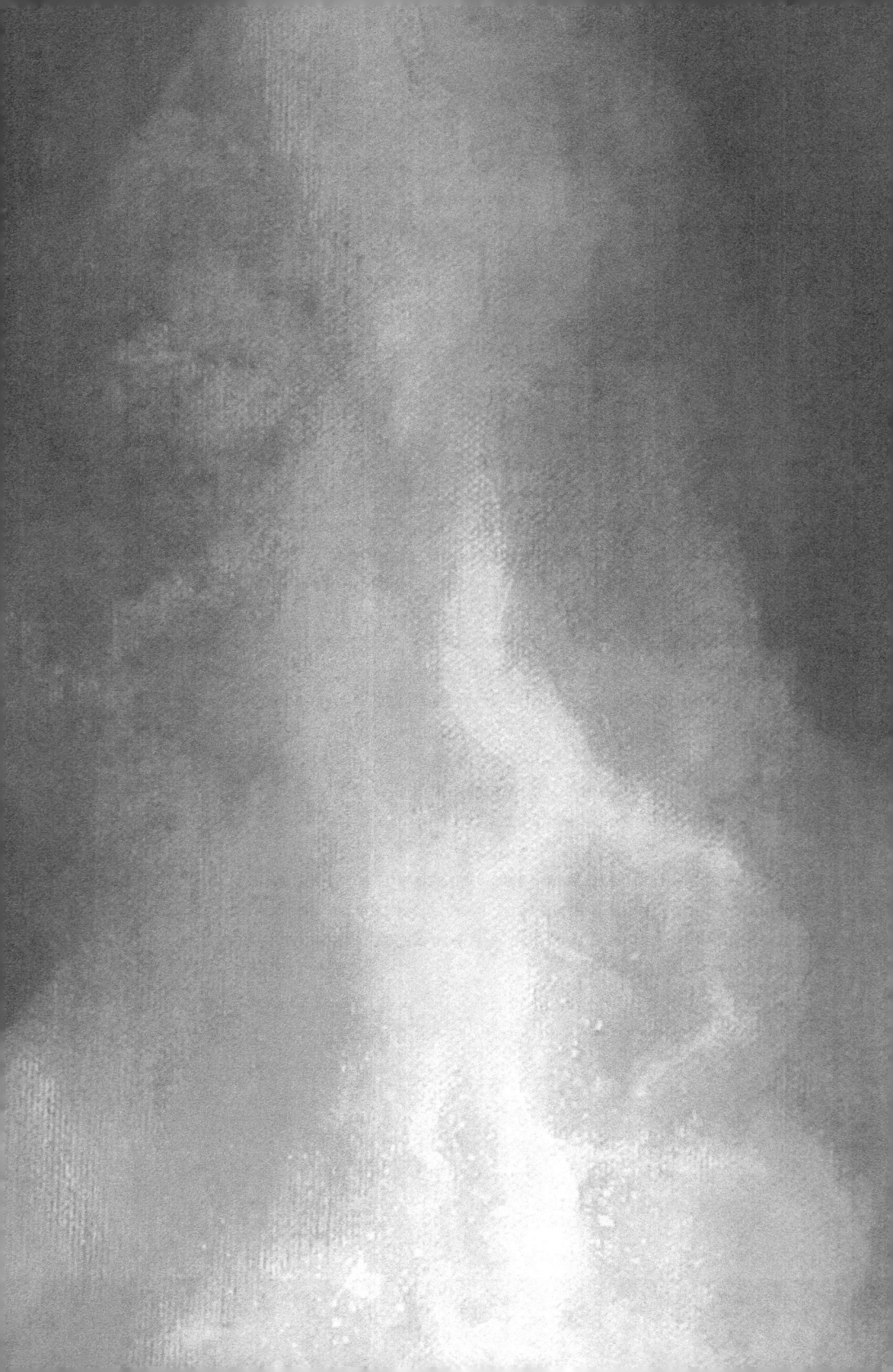

HUBS TELEPÁTICOS: UM CORPO

Cada um de nós está unido uns aos outros, e nos tornamos juntos o que não poderíamos estar sozinhos (Rm 12: 5, VOI).

Você ainda está comigo? Você sobreviveu ao ouvir a palavra TELEPATIA no capítulo anterior e ainda está com fome de saber mais. Isso é ótimo! Há muito mais para saber!

Isso continuará até que estejamos unidos por nossa fé e por nossa compreensão do Filho de Deus.

Então seremos maduros, assim como Cristo, e seremos completamente semelhantes a ele (Ef 4:13, CEV).

Queremos ser totalmente formados em Cristo, todos crescidos, totalmente vivos e totalmente revelados!

Neste capítulo, vamos expandir o último, compartilhando histórias dos santos e falando sobre como a telepatia funciona em nossas vidas hoje. Em seguida, quero mostrar a você que é possível que comunidades inteiras funcionem dessa maneira. Na verdade, isso vai acontecer!

Não se ofenda com isso. É apenas a maneira como fomos feitos. É a maneira como sempre fomos destinados a ser antes da queda. O livro etíope de Enoque registra que as pessoas não deveriam confiar em livros para transmitir conhecimentos. Livros não requerem intimidade. Você pode ler uma biografia sem nunca conhecer uma pessoa. Originalmente, fomos feitos para viver para sempre e transmitir conhecimento por meio de conexão direta. Adão foi feito para ser um livro vivo, bem aberto, cheio de luz, transmitido de geração em geração por meio da cardiognose.

Isso está vindo novamente. É nosso futuro. Vemos vislumbres disso nas vidas passadas dos santos. Nesta próxima história notável, a mística francesa Jeanne Guyon descobriu que poderia se comunicar de coração a coração, durante um período de doença grave.

Durante esta doença extraordinária, o Senhor gradualmente me mostrou outra maneira de as almas conversarem - em profundo silêncio. Sempre que o padre La Combe entrava na sala, eu falava com ele apenas em silêncio. Nossos corações falavam uns com os outros, comunicando graça sem palavras. Foi como ir para um novo país, tanto para ele quanto para mim, mas era obviamente tão divino, não consigo descrever. Passamos muitas horas nesse silêncio, sempre comunicativo, sem dizer uma palavra ... Depois pude me comunicar dessa forma com outras almas, mas era uma comunicação unilateral. Eu concedia graça a eles, mas não recebia nada deles. Com o padre La Combe, houve uma comunicação da graça de um lado para outro.[2]

Lindo! Esta é a verdadeira unidade, União, da maneira que deve ser. Você não quer isso ?!

São Geraldo Majella é outro santo que lia o coração das pessoas e sabia exatamente o que estava acontecendo com elas. Esta é uma história divertida dele pegando um falso mendigo deficiente!

(Ele) detestava a prática de alguns homens que fingiam ser aleijados para viver da caridade alheia. Em uma ocasião, o Santo viu um homem se arrastando com suas muletas, uma perna enfaixada com trapos velhos, implorando por esmolas ... Geraldo aproximou-se do homem, arrancou as ataduras e ordenou ao homem que parasse de fingir para o bem de sua alma. "Vendo sua fraude descoberta, o suposto aleijado correu com as duas pernas, esquecido até mesmo de suas muletas."[3]

Essa habilidade era particularmente útil em tempos de confissão! Ha!

(São Filipe Neri) também tinha o dom de ler almas e corações. Este dom era exercido frequentemente no confessionário quando um pecado era esquecido ou um penitente evitava contar um pecado grave por vergonha. Uma vez, quando um jovem teve dificuldade em descrever um certo pecado, o Santo teve pena dele e revelou exatamente como tinha acontecido.[4]

Precisamos disso hoje. Você não está cansado de sermos enganados por pessoas falsas, sejam políticos, celebridades ou ministérios do Youtube? Com a internet precisamos de discernimento todos os dias!

A verdade é que não consigo imaginar viver sem isso agora. Descobri que a cardio-gnose é essencial, pois tenho viajado ao redor do mundo. Realmente não é opcional se quisermos discipular nações.

Lembro-me da primeira vez que minha esposa e eu ouvimos os pensamentos de alguém juntos. Estávamos na praia do País de Gales armando nossa barraca de sol. Havia uma mulher sentada mais atrás de nós. Juntos, minha esposa e eu a ouvimos pensar "Não os quero lá, estão bloqueando a vista do mar". Viramos um para o outro e dissemos "Você ouviu isso ?!" Achamos engraçado que Deus nos permitisse ouvir isso ... e é claro que mudamos nossa barraca para muito mais longe na praia!

Eu coloquei um grande valor nesta habilidade. Não consigo funcionar sem ela. Frequentemente, quando viajo, vejo quanta autoridade espiritual está no líder. Posso dizer se uma pessoa está lutando e, às vezes, quais são os problemas. Eu posso sentir seu livro do destino e se eles estão alinhados. Freqüentemente, posso sentir se eles estão mentindo.

Uma vez na Escola Espiritual, um jovem falou comigo sobre pureza. Infelizmente, ele não estava sendo honesto comigo. Em seus pensamentos, pude ver que ele havia dormido com uma garota naquela semana. Ele também tinha outros problemas relacionados com drogas. Eu sorri e o abracei. Eu não o expus. Eu apenas entendi de onde ele estava vindo. Ele precisava de papai. Ele precisava de amor.

Descobri que a telepatia é muito mais forte em estados mais profundos de união. Quando estou absorto na presença, às vezes, num piscar de olhos, posso ver como as pessoas realmente são. Parece que os conheço há anos. Isso não acontece o tempo todo, mas eu realmente gosto quando acontece.

Também experimentei cardio-gnose em grande escala. Durante a adoração em uma grande conferência, meu peito se encheu de uma presença calorosa como o mel. Meu coração estava cheio do amor de Deus. Os pensamentos e sentimentos de todos na sala me pressionaram. Era incomum.

Quando minha mente está tranquila e profundamente absorta no Senhor, ocasionalmente ouço as perguntas das pessoas antes que elas as façam. Mais frequentemente com amigos muito próximos. Quando você tem alguém em seu coração, parece mais fácil se conectar. Às vezes me esqueço de esperar que falem antes de responder. Isso nos fez rir várias vezes!

Não se assuste com isso. Está aberto. Como já mostrei no capítulo anterior, é profundamente bíblico. Vejamos outro exemplo de Atos:

Então Pedro disse: "Ananias, como é que Satanás encheu o seu coração a ponto de você mentir ao Espírito Santo e guardar para si parte do dinheiro que recebeu pela terra? ... Como é que vocês concordaram juntos em testar o Espírito do Senhor? " (Atos 5: 5-9).

Pedro viu através deles. Incrível! Nós sabemos o resto da história. Eles morreram de repente. Você consegue imaginar isso? Chocante, não é!

No entanto, imagine se Pedro não tivesse visto. A igreja inteira teria se associado com o engano e a zombaria.

Comercializado na plataforma de ganância e orgulho de Satanás, concordou com a corrupção.

Precisamos voltar a este nível de percepção. Não podemos mais falsificar esse assunto vital. Não podemos ser movidos pelo que é visto. Paulo sabia que o exterior não era realidade. É o interior que conta.

Não conhecemos ninguém de uma forma puramente humana (2 Cor 5:16, HCSB)

Do ponto de vista humano (LEB).

Temos que ver além da pele e além dos rumores negativos e positivos, assim como Deus:

Pois o homem olha para a aparência externa, mas o Senhor olha para o coração. (1 Sam 16: 7).

É exatamente assim que as coisas funcionam agora no céu. Nessa dimensão invisível superior, nossos pensamentos falam mais alto do que palavras. Comunicamos cores, frequência e som.

Tenho visto os santos TRANSFIGURADOS no Concílio de Deus. Falando uns com os outros em feixes de alta velocidade de cores vivas, assim como fibras ópticas espirituais. Cativantes fluxos de rosas, pêssegos, azuis e amarelos fluindo de espírito em espírito pelo ar. Todos interagindo juntos como uma mente viva. Falando mais rápido do que posso compreender. É cativante. Beleza imensa.

Vemos uma forma inferior dessa mensagem direta na Bíblia. Paulo teve uma visão com um homem da Macedônia. Ele falou com Paulo no reino telepático da comunicação.

E uma visão apareceu a Paulo durante a noite. Um homem da Macedônia pôs-se de pé e rogou-lhe, dizendo: "Passa à Macedônia e ajuda-nos". (Atos 16: 9).

Alguns chamam isso de "Dream Invasion". Era comum na vida dos santos da história. Ian Clayton divertidamente chama isso de "mensagem de texto do Espírito". Ele faz muito isso!

Levando a comunidade a outro nível, Paulo, o místico radical viu que era possível para nós na Terra ser sincronizado como um centro espiritual comunitário. Assim como minhas visitas ao céu:

Completar a minha alegria vivendo em harmonia e tendo a mesma mente e um propósito, tendo o mesmo amor, estando em total acordo e de uma mente e intenção harmoniosas (Fl 2: 2, AMP).

Ou mais simplesmente... seja de UMA MENTE (2 Cor 13:11).

Esta é a tecnologia espiritual "KAINOS". Somos um centro de comunicação vivo que transcende a matriz espaço-tempo. Cada definição de distância foi cancelada em Cristo. Estamos misticamente enredados juntos no Amor, na comunhão de Um Corpo.

Eu descobri que quanto mais profundamente gostamos da união e quanto mais nos envolvemos na presença de Deus, mais profundamente essa capacidade opera. Quanto mais vestido estou com a Essência Divina, mais natural se torna este novo mundo abençoado. De mim mesmo, nada posso fazer. É na união que alcançamos a perfeição.

A desconexão é simplesmente a falsa percepção de nossas mentes. A realidade é unidade.

Somos muitas pessoas, mas em Cristo somos todos um só corpo. Nós somos as partes desse corpo, e cada parte pertence a todas as outras (Rm 12: 5, ERV).

Cada um de nós está unido um ao outro, e nos tornamos juntos o que não poderíamos estar sozinhos (Rom 12: 5, VOI).

"Nos tornamos JUNTOS o que não poderíamos estar sozinhos" Eu amo isso.

O futuro será definido pela União.

VISÃO REMOTA

Jesus respondeu e disse-lhe: "Em verdade, em verdade te digo: quem não nascer de novo não pode ver ..." (João 3: 3).

Antes de Cristo, a humanidade estava severamente limitada ao mundo físico. Estávamos limitados pelo espaço e pelo tempo. Preso nos limites de nossos corpos naturais. Cego espiritualmente. Caído.

Na nova criação, tudo mudou. O fruto de nascer de novo é a visão. A fé abre nossos olhos.

Pois estamos olhando o tempo todo, não para as coisas visíveis, mas para o invisível. As coisas visíveis são transitórias: são as coisas invisíveis que são realmente permanentes (2 Cor 4:18, PHI).

O apóstolo Paulo achou que era natural ver. Ele encorajou seus seguidores a olhar para o invisível, a sempre colocar seus olhos nas coisas do Alto. Paulo era um místico!

Olhe para cima e esteja alerta ao que está acontecendo ao redor de Cristo - é aí que está a ação (Colossenses 3: 1, MSG).

Este é outro mistério do Evangelho. É modelado para nós por João, o Amado. Ele estava no Espírito no dia do Senhor. Ele ouviu uma voz e "voltou-se para ver" (ver Ap 1). Quando estamos no Espírito, podemos "nos voltar para ver" como Deus quer. Descobri que Ele deseja nos mostrar seu mundo. Ele quer que vejamos.

Os governos mundiais estão cientes de que os humanos (mesmo em seu estado decaído) têm alguma habilidade de ver eventos distantes. Como a telepatia, isso está além da compreensão atual da ciência. No entanto, eles sabem que algo está acontecendo. Eles chamam essa capacidade de "Visão Remota".

A visão remota (RV) é a prática de buscar impressões sobre um alvo distante ou invisível usando meios subjetivos, em particular, percepção extra-sensorial (PES) ou "detecção com a mente."[1]

Os EUA desenvolveram um projeto para explorar isso. Eles o chamaram de "Projeto Stargate". Parece ficção científica, eu sei! Mas é verdade! Funcionou oficialmente por 20 anos até 1995. A 'linha oficial' é que foi um fracasso. No entanto, se você vasculhar as evidências, descobrirá que algumas pessoas eram muito hábeis nisso.

Um homem foi capaz de identificar características do Sistema Solar antes que a NASA chegasse lá com os satélites. Algo está acontecendo!

Se então, o homem natural pode acessar parte dessa habilidade - quanto mais nós, os filhos "KAINOS" que estão infundidos e unidos à Natureza Divina, seremos capazes de ver?

A precursora Nancy Coen chama essa nova capacidade de criação de "Visão ilimitada".

É incrível. Que presente! Mesmo o incrível telescópio Hubble não pode se comparar ao alcance de nossa visão. Você já olhou para o cosmos com Jesus?

Conforme esta era termina e outra começa, encontraremos clareza de visão. Nós atingiremos a maioridade.

Mas o alimento sólido é de quem já está maior, ou seja, quem pelo uso têm seus sentidos exercitados (Hb 5:14).

O que antes era apenas para profetas, será normal para todos. Vejamos alguns exemplos:

Você gostaria de proteger sua nação de ataques? Isso é exatamente o que Eliseu fez por Israel. Sempre que o rei da Síria invadia, Israel estava pronto para ele e venceu a luta. Eles foram avisados! O rei ficou furioso. Havia um espião no acampamento?

Portanto o coração do rei da Síria ficou muito perturbado com isso; e chamou seus servos e disse-lhes: "Não me mostrais qual de nós é do rei de Israel?"

E um de seus servos disse: "Nenhum, meu senhor, ó rei; mas Eliseu, o profeta que está em Israel, diz ao rei de Israel as palavras que você fala em seu quarto. " (2 Reis 6: 11-12).

Eliseu havia aprendido o mistério que estou ensinando agora. Ele era um escudo para sua nação e a protegia do mal. Ele ajudou o governo. Ele estava vivendo além das limitações da localidade. Ele aprendeu como se mover no Reino do Reino com Deus.

Que tal assistir a reuniões secretas? Você gostaria de saber o que está acontecendo ao redor do globo? O profeta Ezequiel viu a idolatria secreta a portas fechadas e quem estava envolvido. Ele estava ciente da corrupção do governo e das cabalas de sua geração.

E Ele me disse: "Entre e veja as perversas abominações que eles estão fazendo ali". Então eu entrei e vi, e ali - todo tipo de coisa rastejante, bestas abomináveis, e todos os ídolos da casa de Israel, retratados por toda parte nas paredes. E estavam perante eles setenta homens dos anciãos da casa de Israel, e no meio deles estava Jaazanias, filho de Safã. Cada homem tinha um incensário nas mãos e uma espessa nuvem de incenso subiu. Então Ele me disse: "Filho do homem, você viu o que os anciãos da casa de Israel fazem no escuro, cada um na sala dos seus ídolos? Pois eles dizem: 'O Senhor não nos vê; o Senhor desamparou a terra.' "(Ez 8: 9-12).

Essas pessoas más acreditaram que poderiam escapar impunes porque o Senhor não vê! Quão verdade é isso hoje? Quantos governos e empresas estão empreendendo negócios antiéticos agora? Eles acham que está escondido. Isso também vai mudar!

Portanto, não os tema. Pois não há nada encoberto que não seja revelado e oculto que não seja conhecido (Mateus 10:26).

Acredito que novos centros "Ecclesia" aparecerão em todas as nações que verão, ouvirão e compreenderão.

Eles serão infundidos com conhecimento e brilharão com Sabedoria.

Há pequenas dicas no passado mostrando o que está por vir, especialmente com os santos celtas. Em uma era sem telefones celulares ou "Facebook", eles dependiam da "Visão Ilimitada" e da cardio-gnose para se manterem conectados. Eles sabiam o que estava acontecendo.

Um dia, em Iona, São Columba levantou-se repentinamente de sua leitura e disse com um sorriso: "Agora devo me apressar à igreja para suplicar a Deus por uma pobre menina que é torturada pelas dores de um parto muito difícil e que agora na Irlanda invoca meu nome. Pois ela espera que através de mim o Senhor a liberte de sua angústia, porque ela é minha parente, pois seu pai pertencia à família de minha mãe. "[2]

Observe que ela chamou por ele. Ela fez contato espírito com espírito através da cardio-gnose. Uma mensagem de texto espiritual para encontrar ajuda. Quando seu coração se move, seu espírito o segue. Se a outra pessoa estiver aberta e consciente, ela sentirá você e responderá de volta. É um telefonema espiritual.

A história de Columba continua:

São Columba sentiu pena da menina e correu para a igreja onde se ajoelhou e orou a Cristo, o Filho do Homem. Então, depois de orar, ele saiu e disse aos irmãos que o encontraram: "Agora nosso Senhor Jesus, que nasceu de uma mulher, mostrou favor à pobre menina e trouxe ajuda oportuna para livrá-la de suas dificuldades. Ela deu à luz com segurança e não corre perigo de morte."

Mais tarde, eles descobriram com a população local que tudo o que Columba havia dito era verdade. Isso era normal para Columba. O profético operou com clareza e precisão. Algo que veremos novamente conforme os novos oráculos emergem pela Terra. Pessoas como Samuel, cujas palavras não vão cair no chão. Um ministério profético superior está chegando.

Na próxima história, Columba conheceu um homem em uma casa de hóspedes. Imediatamente, ele viu de onde o homem era e os principais eventos ocorrendo com sua família em casa.

Quando o Santo o viu, disse: "Onde você mora?" "Em Cruach Rannoch, perto da costa do lago."
"Esse distrito que você nomeia", disse o Santo, "é onde os saqueadores selvagens estão agora pilhando". O pobre leigo, ouvindo isso, começou a lamentar por sua esposa e filhos, mas o santo o consolou em sua tristeza, dizendo: "Vá, caro amigo, vá. Toda a sua família fugiu montanha acima e escapou, embora os cruéis invasores tenham expulsado com eles seu pequeno rebanho e tenham tomado como saque os móveis de sua casa. " Quando o leigo voltou para seu distrito, ele descobriu que tudo o que tinha ouvido o santo dizer foi cumprido.

O falecido profeta Bob Jones frequentemente tinha experiências como essa. Algumas das histórias são hilárias! Eu me lembro de ter hospedado Jeff Jansen (Global Fire Ministries) no País de Gales para uma conferência. Jeff estava descansando no hotel. Ele olhou no espelho e de repente viu Bob (que era um de seus mentores) parado atrás dele. Chocado, Jeff se virou e viu que ainda estava sozinho. Jeff imediatamente ligou para Bob na América para ver se era realmente ele. Bob riu e disse: "Sim, eu estava verificando meus meninos!" Ele amava Jeff e estava se certificando de que ele estava indo bem em sua viagem ao País de Gales. Eu amo isso! Isso é "KAINOS" vivendo!

Aprendi com o Senhor que, se você tiver alguém em seu coração - se você a ama e a mantém dentro de seu espírito como um tesouro -, você verá e sentirá mais a respeito da vida dela. Seu espírito seguirá seu coração (veja 2 Reis 5:26).

Eu vi eventos distantes. Tenho testemunhado em sonhos e visões reuniões e conversas em outros lugares. Certa vez, vi o que minha esposa Rachel estava fazendo na cozinha quando eu estava na sala de estar. Às vezes, tenho até permissão para ver outro mundo no espaço.

Nosso irmão mais velho é o protótipo. Ele é a Rocha na qual nos apoiamos e baseamos nossas vidas. Jesus viveu livre das limitações humanas e pode ver além de seus olhos naturais.

Jesus viu Natanael vindo em sua direção e disse a respeito dele: "Eis um verdadeiro israelita, em quem não há engano!" Natanael disse a Ele: "Como você me conhece?" Jesus respondeu e disse-lhe: "Antes de Felipe chamar você, quando você estava debaixo da figueira, eu te vi." (João 1:47).

Ele viu Natanael antes mesmo de se conhecerem. Esta palavra específica sobre a figueira tocou Natanael no coração. Ele acreditou imediatamente.

Isso já aconteceu com você? Você já conheceu alguém e sentiu que já o conhecia? Talvez você os tenha visto anteriormente no Espírito. Você ficaria surpreso com o quão ativo seu ser espiritual realmente é. Está sempre em movimento, principalmente à noite. Ele nunca dorme.

Nossa visão não se limita nem mesmo às pessoas ou nações. Sim, podemos ver eventos distantes aqui, como

Eliseu vendo o rei da Síria, mas também podemos ver o celestial. Jesus disse:

Eu estava observando e vi Satanás cair do céu como um relâmpago! (Lucas 10: 17-20, PHI).

Ele estava sempre vendo através de múltiplas dimensões, trabalhando com seu pai. Na verdade, para funcionar verdadeiramente como um filho maduro, devemos ver.

Então Jesus respondeu e disse-lhes: "Em verdade vos digo que o Filho nada pode fazer por si mesmo, senão o que vê o Pai fazer; pois tudo o que ele faz, o Filho também o faz "(João 5:19) ..." Eu falo o que tenho visto com meu Pai "(João 8:38).

O mundo inteiro está totalmente aberto à Sua vista.

Os olhos do Senhor continuam vagando pela terra (2 Cr 16: 9, ISV).

Para onde posso ir do Seu Espírito? Ou para onde posso fugir da Sua presença? Se eu subir ao céu, você está lá; se eu fizer minha cama no inferno, eis que você está lá. Se eu tomar as asas da alva, e habitar nas extremidades do mar, ainda ali a tua mão me guiará e a tua destra me susterá (Salmos 139: 7).

O salmista entendeu que o Espírito de Deus estava em toda parte e que ele encheu tudo - até o inferno.

A criação é menor que a Trindade. Até mesmo os céus dos céus são muito pequenos.

O céu e o céu dos céus não podem conter Você (1 Reis 8:27).

(Jesus) que desceu é o mesmo que subiu mais alto que todos os céus. Ele fez isso para estar em todos os lugares (Ef 4:10, NÓS).

Eu amo isto. Esses versos são de ouro. Entradas para o Oceano Divino! Pule dentro!

É aqui que também fica incrível para nós, como filhos. Não estamos também unidos ao seu Espírito agora? O Evangelho não é uma mensagem de união com ele? Um casamento espiritual? Sim!

Mas aquele que se une ao Senhor torna-se UM espírito com ele (1 Co 6:17, NÓS).

Então, de alguma nova forma mística, podemos acessar TODOS OS

LUGARES em Cristo porque já estamos em todos os lugares em Cristo. Estamos Nele e Cristo está em nós! Surpreendente! Como disse Paulo:

O Espírito de Deus acena. Há coisas para fazer e lugares para ir! (Rom 8:14, MSG).

Adoro esse convite! Como Aladim no desenho animado da Disney, o Espírito Santo estende a mão e diz "Você confia em mim?" Talvez você não tenha visto esse filme? A jovem Jasmine pensa na oferta de voar, então pula no tapete mágico com Aladdin. Eles começam a cantar uma música incrível sobre ver um 'mundo totalmente novo' (soa familiar?)![3]

Aladdin canta **"Eu posso abrir seus olhos, levá-lo a maravilha por maravilha ..."**

Esta é uma imagem profética de como é mover-se no Espírito. Não é assustador. Você está com ele. Você não está sozinho. Ele leva você. Ele mostra a você. É na Unidade que voamos sobre a graça!

Jasmine canta de volta para Aladdin:

"Eu sou como uma estrela cadente, cheguei tão longe que não posso voltar para onde eu costumava estar."

Este é o sonho do céu para nós. Que vamos tão longe que nunca voltamos. Assim como Enoque!

CONHECIMENTO INFUNDIDO

> Deus deu sabedoria a Salomão - a mais profunda compreensão e o maior dos corações. Não havia nada além dele, nada que ele não pudesse controlar (1 Reis 4:29, MSG).

Que bom que você ainda está lendo! Eu sei que tem sido difícil para alguns de vocês. Muito bem por ter progredido até aqui. Vamos ficar realmente famintos por mais. Você foi feito para isso. Estou convencido de que no futuro tudo isso parecerá básico 101. Estamos entrando em uma nova era.

Vamos expandir nossas definições do que é possível AGORA. A Igreja viveu muito pequena. Neste capítulo, vamos desfrutar de outro conjunto de habilidades místicas de nossa união com o Divino. Estes são chamados de "Conhecimento Infundido" e "Corações Expandidos".

Como a Tardis em Dr. Who (sim, sou um geek!), somos muito maiores por dentro do que por fora. Dentro estão armazenados todas as riquezas e mistérios do céu. Só temos que aprender como extrair desse tesouro escondido para ajudar o mundo. Viver de dentro para fora.

Vamos começar com "Conhecimento Infundido". Pode ser definido como:

O dom do conhecimento natural (secular) e sobrenatural (espiritual) milagrosamente conferido por Deus. Alguns pensam que foram possuídos por Adão e Eva, que vieram à existência em um estado adulto e seriam os primeiros professores da raça humana.[1]

Conhecimento infundido é conhecimento transmitido diretamente a nós por Deus. Não vem através do estudo terreno. Não é natural. É sobrenatural!

Não se limita a um assunto. Pode ser conhecimento sobre ciência, música, linguagem, tempo, pessoas, arte ou mesmo sobre o Cosmos. Pode acontecer repentinamente ou suavemente com o tempo. É fruto da união mística.

Eu sou a videira, vocês são os ramos. Quando você está junto comigo e eu com você, a relação íntima e orgânica, a colheita com certeza será abundante. Separado, você não pode produzir nada (João 15: 7, MSG).

O que é surpreendente sobre o conhecimento infundido é que às vezes pode vir em segredo, sem que você saiba como foi parar lá. Ele pode penetrar em seu coração durante a noite ou na presença.

**Pois Deus pode falar de uma forma ou de outra,
No entanto, o homem não o percebe.
Em um sonho, em uma visão da noite,
Quando o sono profundo cai sobre os homens,
Enquanto dormiam em suas camas,
Então Ele abre os ouvidos dos homens,
E sela suas instruções.
(Jó 33: 14-16).**

Anos atrás, fui seriamente impactado ouvindo Joshua Mills (New Wine International). Joshua nos contou uma história sobre como ele teve um encontro poderoso com Deus quando era adolescente. Ele estava em uma reunião da Igreja e de repente foi intoxicado pelo Espírito Santo. Na manhã seguinte, Josué acordou capaz de tocar teclado e escrever canções. Estava tudo lá, ele simplesmente poderia fazer isso. Deus 'selou a instrução' nele durante a noite. Você não quer isso ?! Download divino!

O conhecimento infundido está conectado à união. Falamos sobre isso com frequência em nossos podcasts. É simplesmente um dos frutos da amizade. Uma das marcas definidoras do verdadeiro êxtase espiritual.

Certa vez, experimentei esse fenômeno no avião para fazer reuniões de jovens na França. Eu estava desfrutando da doçura de Deus e de repente fui arrebatado. Em um flash eu me encontrei no céu. Eu vi os 'Livros do Futuro' e recebi a compreensão sobre Enoque. Eu entendi que a Ecclesia iria reconstruir cidades em ruínas, criar uma paisagem da Terra e transformar o DNA. Eu tinha sido infundido com Isaías 61: 3-4. Surpreendente!

Alguns acreditam que Adão tinha esse tipo de conhecimento, que os primeiros humanos tinham 100% de capacidade cerebral. Criado pronto para ir, Adam não aprendeu a andar ou falar, já estava lá. Ele nasceu adulto. Adam sabia como trabalhar a terra e criar tecnologia. Ele foi infundido com conhecimento sobre animais e plantas. Ele conhecia sua natureza.

Vemos essa habilidade com frequência em Jesus. Com a mulher junto ao poço, Jesus conheceu toda a história de sua vida. Nada foi escondido dele. Ela ficou surpresa!

E muitos dos samaritanos daquela cidade creram Nele por causa da palavra da mulher que testificou: "Ele me disse tudo o que eu sempre fiz". (João 4:39).

Ele a conhecia por dentro e por fora. Conhecia sua história, entendia sua dor. Este não era um conhecimento natural. Foi por meio do Espírito. Veio do Pai (1 Co 2:10).

Você já teve algo assim? Num piscar de olhos, Deus fez um download de algo para você?

A história da igreja tem muitas histórias como esta. Costumo olhar para os santos celtas. Eles permanecem como um farol de luz através dos tempos, marcando as ilhas britânicas com esperança. Nesta história, Santa Brígida e suas amigas estavam esperando para se encontrar com um oficial importante para discutir um caso.

Brígida adorava música e certa vez na fortaleza de um chefe, em algum lugar perto de Knockaney (County Limerick), Brígida foi pedir a libertação de um prisioneiro. Ela foi convidada a sentar e esperar pelo chefe pelo velho pai adotivo do homem. Enquanto esperava, viu algumas harpas penduradas na parede. Ela pediu um pouco de música, mas os harpistas não estavam lá. As irmãs com Brígida disseram ao pai adotivo para pegar harpa e, enquanto Brígida estivesse presente, ele poderia tocar. O velho tirou a harpa da parede, tocou desajeitadamente, mas de repente descobriu que podia produzir ares e harmonias. Outro membro da família tentou ansiosamente uma segunda harpa com os mesmos resultados. Logo o lugar encheu-se de música alegre e o chefe chegou em casa para ouvi-la. Ele ouviu risadas raras de seu pai adotivo.[2]

Ha! Essa é uma invasão de glória! Precisamos de mais disso hoje. No trabalho, em casa, na escola. Você pode ver isso? Eu sonho com isso. Posso ver as ilhas selvagens da Grã-Bretanha ressoando de alegria!

Este milagre não se limitou apenas aos tempos antigos. O evangelista de cura americano John G. Lake também experimentou conhecimento infundido. Certa vez, João estava pegando um trem e teve um forte desejo de falar com alguns italianos que esperavam na plataforma sobre Jesus.

Enquanto subia e descia a plataforma, disse: "Oh Deus, quanto gostaria de poder falar com esses homens sobre o Cristo vivo e Seu poder para salvar".
O Espírito disse: "Você pode".[3]

Você ouviu isso? "Você pode!" Deus diz!

O que aconteceu a seguir é pura alegria:

Aproximei-me deles e, ao me aproximar deles, observei-me começando a falar em alguma língua estrangeira. Eu me dirigi a um do grupo e ele imediatamente me respondeu em italiano. Perguntei de onde ele era e ele respondeu "Nápoles". Por quinze minutos, Deus me deixou falar das verdades de Cristo e do poder

de Deus para aquele grupo de trabalhadores em italiano, uma língua que eu não conhecia.

John G. Lake profetizou que uma chuva de graça viria para ungir uma geração futura para falar TODAS as línguas. Ele viu que o que tinha era apenas um flash, um vislumbre do que estava por vir.

Você pode imaginar isso agora? Todos nós falando MUITAS línguas! A mídia ficaria maravilhada. Isso abalaria o mundo. Ouso acreditar nessas coisas. Como disse Paulo:

Se parece que estamos loucos, é para trazer glória a Deus (2 Cor 5:13, NLT).

O segundo poder "KAINOS" que acompanha isso é o que chamo de "Coração Expandido". É uma profunda capacidade sobrenatural de aplicar conhecimentos, resolver enigmas, encontrar soluções.

É um coração sábio além do pensamento natural. É o que Salomão e muitos santos da história caminharam.

Leia o próximo versículo e imagine isso acontecendo com você:

Deus deu sabedoria a Salomão - a mais profunda compreensão e o maior dos corações. Não havia nada além dele, nada que ele não pudesse suportar (MSG).

Elohim **deu sabedoria a Salomão - uma visão aguçada e uma mente tão ilimitada quanto a areia da praia (1 Reis 4:29, NOG).**

Uau! Eu amo isso ... Mente sem limites !!

A Bíblia está cheia de pessoas que trabalharam nisso antes da nova criação. Pequenos sinais para um dia maior. Daniel era um deles. Ele assumiu a responsabilidade no Espírito por uma nação e sobre ela caiu a autoridade e um coração expandido.

Um espírito extraordinário, conhecimento e percepção, a

habilidade de interpretar sonhos, esclarecer enigmas e resolver problemas complexos foram encontrados neste Daniel (Dan 5:12, AMP).

Ele podia fazer qualquer coisa - interpretar sonhos, resolver mistérios, explicar quebra-cabeças (MSG).

Desvende mistérios e resolva problemas complicados (CJB).

Nada estava além de Daniel. Nada ... Pense nisso. Alguns acreditam que usamos apenas 10% ou menos de nossa capacidade cerebral. Para que servem esses 90% extras? Talvez o resto seja para uma consciência superior e engajamento dimensional, o que chamamos de reino espiritual?

O que sabemos é que Jesus veio para restaurar tudo o que estava perdido. Recupere tudo. Isso inclui nosso intelecto e raciocínio, nosso conhecimento, 100% e além.

Pois o Filho do Homem veio buscar e salvar o que estava perdido (CJB).

O falecido Bob Jones profetizou que começaríamos a descobrir que nossas habilidades cognitivas aumentavam, à medida que chegássemos à época da colheita. Eu acredito.

Simplesmente não podemos compreender os tempos em que vivemos sem também compreender que haverá um profundo aumento na revelação, sabedoria e compreensão.

Teus filhos profetizarão, também tuas filhas; seus jovens terão visões, seus velhos terão sonhos. Quando chegar a hora, derramarei meu Espírito sobre aqueles que me servem, homens e mulheres, e eles profetizarão (Atos 2:17, MSG).

Esta é uma grande mudança! Estamos na era da Verdade Revelada! E está aumentando.

Na época de Enoque, era o oposto. A sabedoria não encontrou lugar de descanso na Terra. Eles eram uma geração rebelde e sem lei que não amava a Deus. Foi uma época sombria. A sabedoria permaneceu trancada nos céus. O Livro Perdido de Enoque[4] diz:

Parecia estranho que a sabedoria não encontrasse lugar onde pudesse morar; então um lugar foi designado para ela nos céus ... Ela saiu para fazer sua morada entre os filhos dos homens, mas não encontrou nenhum lugar. Ela voltou ao seu lugar e sentou-se entre os anjos.

Mesmo assim, Enoque viu um tempo em que isso mudaria. Uma época em que as pessoas iriam para o Céu e beberiam das fontes da Sabedoria. Ele viu com antecedência as comunidades emergentes da Ecclesia.

Eu vi a fonte da justiça, que é inesgotável. Ao redor havia outras fontes de sabedoria. Aqueles que estavam com sede beberam dessa água e se encheram de sabedoria.

Centros místicos chegando a Sião para aprender os caminhos de Deus. Eu amo isto! Já começou.

Enoque então viu que a Sabedoria saturaria a Terra com os segredos da justiça. Um dia de invasão de conhecimento. Uma efusão do Espírito de Sabedoria!

A sabedoria será derramada como água e a glória de Deus nunca faltará. Pois Ele é poderoso em todas as coisas e em todos os segredos da justiça.

Estamos neste tempo. Eu acredito nisso. Eu vejo isso. Conhecemos pessoas "KAINOS" que conheceram novas tecnologias de computador, projetos de automóveis, ideias de extensão de vida, algoritmos de ponta, nanotecnologia e muito mais. Algumas delas são demais! Está acontecendo agora, geralmente em segredo. Visitei uma instalação da nova criação para ver um pouco por mim mesmo. O que vi lá foi alucinante! Eu amei!

Você não quer isso?

Incrivelmente, Deus deseja isso também para nós, e ainda mais!

É um prazer do seu Pai dar-lhe o reino (Lucas 12:32).

Não duvide de nada! Dá-lhe ALEGRIA por compartilhar o Reino com você!

Chame por mim e eu responderei e lhe mostrarei coisas grandes e poderosas, que você não conhece (NKJV) ... Vou lhe contar coisas maravilhosas e maravilhosas que você nunca poderia descobrir por conta própria (MSG) ... coisas além do que você pode imaginar (VOI) (Jr 33: 3).

Você pode se sentir desqualificado para andar assim. O Evangelho é a mensagem feliz - de que você não era qualificado - então Jesus fez isso por você! Ele viveu a vida perfeita por você. Agora entendemos o Reino como um dom, pela fé. Acreditando não realizando!

Esta graça está chegando a pequenos grupos espalhados por todo o globo. Centros governamentais estão nascendo novamente agora, em salas de estar, em IHOPs (casas de oração), em igrejas lideradas pelo Espírito, no escritório, no lugar secreto.

Eu vi em um sonho uma dona de casa sendo pessoalmente orientada pelo céu. Enquanto ela limpava, ela estava aprendendo os segredos do Reino. Isso continuou em segredo por anos, até que ela foi contratada para ensinar. Um dia ela saiu e começou a falar. Não havia como pará-la. Ela era um novo oráculo.

Pois nada está oculto, exceto para ser revelado; nem nada foi segredo, mas que viria à luz (Marcos 4:22).

Os governos virão até pessoas como ela, convidá-los-ão para as reuniões, receberão orações e ministério profético deles. Eles serão essenciais para resolver os problemas desta época. Eles não serão comprados ou movidos por homens, mas serão movidos unicamente pelo Céu, assentados em Cristo, em repouso na obra consumada. Eles serão ministérios da 'Palavra Viva'.

Decidi falar sobre isso na firme convicção de que você foi escolhido para conhecer os mistérios. Você nasceu em uma época em que a Sabedoria cairá como chuva. Você vai se expandir além de qualquer coisa que você já imaginou, assim como Salomão.

Deus deu (* seu nome) - o mais profundo de entendimento e o maior dos corações. Não havia nada além de (* seu nome), nada (* seu nome) que não pudesse controlar (1 Reis 4:29, MSG).

Fale. Veja. Fome por isso. Sonhe. Veja. Acredite!

Espie sua herança com uma fé infantil e inocente "KAINOS".

Se você vive em Mim [permanece vitalmente unido a Mim] e Minhas palavras permanecem em você e continuam a viver em seu coração, peça o que você quiser, e será feito por você (João 15: 7, AMP).

Unidade leva às palavras que permanecem e vivem em você. Os novos oráculos estão chegando ... talvez mais cedo do que pensamos!

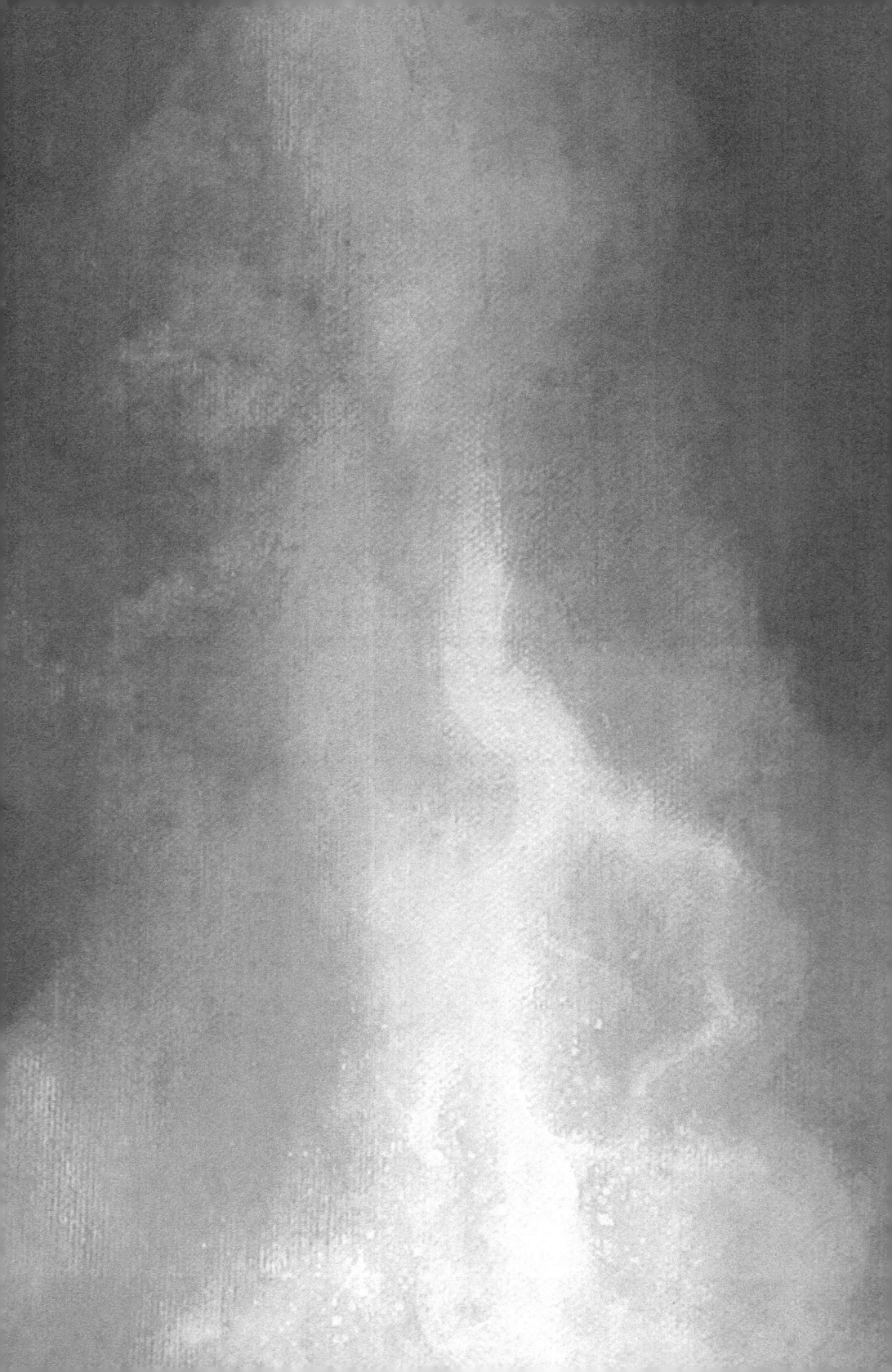

TRANSPORTE MILAGROSO

"Os transportes, eu acredito, vão aumentar dramaticamente" - John Paul Jackson[1]

Em 2014, comecei a vislumbrar um mistério. Os filhos são projetados para serem capazes de fazer coisas pelo Espírito, que a tecnologia natural faz na Terra. Essa tecnologia realmente revela princípios invisíveis. É uma manifestação da bondade do Senhor.

No mundo natural, vimos uma mudança surpreendente na tecnologia de viagens pelo mundo. Meu pai me disse que voar era considerado um luxo quando ele era criança. Era raro que pessoas comuns fossem para o exterior. Olhe para outra geração, os carros eram um item de luxo, e as pessoas viajavam a cavalo e de carroça.

Uma das tecnologias "KAINOS" em desenvolvimento também está conectada ao transporte. É a habilidade sobrenatural de se teletransportar de um lugar para outro. Foi-me mostrado que algumas pessoas radicais VIVERÃO no Espírito E também MOVERÃO no Espírito:

Pois nele vivemos, nos movemos e existimos (Atos 17:28).

Talvez Daniel tenha visto isso chegando. Ele olhou para o futuro e disse:

Muitos viajarão para todos os lugares (Dan 12: 4, GW).

Na verdade, acredito que à medida que as nações estreitarem suas fronteiras nacionais e entrarmos em um mundo eletrônico altamente monitorado, isso se tornará essencial. A criação "KAINOS" transcende as fronteiras temporais geográficas. A Terra é do Senhor e tudo nela.

Mais uma vez, olhamos com amor para o Projeto, para lembrar quem somos e o que fazemos. Com um corpo de carne que podia comer e ser tocado, Jesus instantaneamente foi transportado para a sala:

O próprio Jesus ficou no meio deles e disse-lhes: "Paz convosco". Mas eles estavam apavorados e assustados, e supuseram que tinham visto um espírito. E Ele lhes disse: "Por que vocês estão preocupados? E por que surgem dúvidas em seus corações? Veja Minhas mãos e Meus pés, que sou eu mesmo. Segure-me e veja, pois um espírito não tem carne e ossos como você vê que eu tenho ". (Lucas 24: 36-39).

Esta é uma história tão épica. Eu queria estar lá. Eu amo isso.

Este não foi o único teletransporte de Jesus. Em outra ocasião, Jesus imediatamente mudou os discípulos e o barco de pesca para o outro lado do lago. Aconteceu depois que ele andou sobre as águas:

Mas Ele lhes disse: "Sou eu; não tenha medo." Então eles O receberam de bom grado no barco, e IMEDIATAMENTE o barco estava na terra para onde estavam indo (João 6:21).

Gosto de como diz a New Living Translation:

Imediatamente eles chegaram ao seu destino! (João 6:21, NLT).

Imagine isso acontecendo com você. Você entra no carro para dirigir e instantaneamente está lá! O GPS diz "Você alcançou seu destino!" Ah! Eu quero isso. Seria ótimo estar lá instantaneamente.

Depois que Jesus deixou a Terra, a igreja primitiva continuou a se mover neste milagre de teletransporte. Felipe atravessou instantaneamente 40 milhas em um piscar de olhos:

E tanto Felipe como o eunuco desceram à água e ele o batizou. Agora que eles saíram da água, o Espírito do Senhor arrebatou Filipe, de modo que o eunuco não o viu mais; e ele continuou seu caminho regozijando-se. Mas Felipe foi encontrado em Azotus. E de passagem, pregou em todas as cidades até chegar a Cesaréia (Atos 8: 38-40).

Essa habilidade era normal para alguns, mesmo no Antigo Testamento. Elias era frequentemente movido ao redor de Israel pelo Espírito. Tanto que ele foi convidado a ficar parado por um momento (ver 1 Reis 18:12). Elias teve que prometer não desaparecer. Isso não é incrível!

É para onde todos nós estamos indo. A vida de "KAINOS" é mover-se no Espírito e Poder de Elias!

Um dos meus heróis é o falecido John Paul Jackson. Ele me honrou e eu nunca vou esquecer isso. John Paul teve muitas experiências incomuns. Na história a seguir, John Paul conta como um homem foi transportado do México para a Suíça para seu quarto de hotel.[1]

Eu estava em Genebra, na Suíça. Eu estava viajando há 21 dias e não estava me sentindo muito bem. Na verdade, eu estava muito doente ... Não foi divertido. Saí do aeroporto de Los Angeles pensando que iria melhorar ... 21 dias depois eu estava piorando.

Eram 2:30 da manhã. Estou acordado com muita dor, fazendo o possível para não me curvar de dor. Eu olho para o relógio e diz 2:30 e eu olho para a minha direita e há um homem parado lá. Estou mais doente do que pensava. Acho que estou tendo alucinações. Não há ninguém aqui. Provavelmente é uma alucinação.

Eu disse: 'Senhor, se este é você, então quero que ele me toque e ore por mim. Eu quero que ele coloque a mão na minha. Eu não quero a coisa do Espírito onde passa direto por mim. Quero sentir o peso de sua mão e quero ser curado. '

Ele provavelmente está no final dos anos 70, início dos 80, muito

desgastado, parecia que era espanhol / mexicano. Ele disse: 'Vim orar por você para que fique bom'. Ele coloca as mãos em mim. Ora por mim. Parecia que um pergaminho entrou em mim. Parecia espesso como mel e enquanto rolava não havia dor. Ele rolou pela minha cabeça e pelos meus pés e eu fui instantaneamente curado. Eu olhei para ele e ele sorriu para mim e desapareceu bem na frente dos meus olhos.

Eu fui curado! Fiquei muito feliz e levantei louvando ao Senhor. Agradeci a Deus por enviar um de seus anjos ... Ele disse: "Era um servo meu do México que morava em uma pequena aldeia e estava me perguntando se havia alguma maneira de usá-lo. Então eu o peguei e o trouxe de volta. "

Contando a história, John Paul riu e disse:

Você gostaria de ser aquele cara ?! Eu sei que isso vai acontecer![2]

Eu quero aquilo. Acho que estamos prontos para a aventura. Está no nosso DNA!

Meu bom amigo Matthew Nagy (Glory Company) era frequentemente transportado por um lance de escada pela manhã, a caminho de seu escritório. Sempre pegava Matt de surpresa. Ele estava simplesmente desfrutando da doçura de Jesus, então de repente ele subia! Parece bom para mim!

Eu gosto de atalhos! Meus amigos John e Ruth Filler vieram me ouvir falar no Oregon, EUA. Demoraram três horas para eles chegarem à reunião. O caminho de volta levou apenas metade do tempo, apesar de dirigir em velocidade normal. Não é incrível? Eu chamo esse estranho fenômeno de "tempo rico" (veja Ef 5:16).
Muitas pessoas nos enviam e-mails e mensagens com quase exatamente as mesmas histórias. A capacidade dos "KAINOS" de moldar o tempo e a realidade está aumentando. Estranhamente, alguns até saíram de casa tarde e ainda chegavam cedo às reuniões. É louco! É estranho! É muito divertido!

Certa vez, passei alguns dias de férias com Ian Clayton e alguns amigos na bela Nova Zelândia. Tínhamos acabado de visitar as famosas piscinas vulcânicas. Ian estava dirigindo conosco em estradas sinuosas. Estávamos no topo de uma montanha olhando para o vale. Dentro de um momento estávamos na pista inferior. Nós rimos disso! Eu teria gostado mais se não tivesse medo da direção de Ian - era uma loucura (história verdadeira)!

A história nos mostra que Deus está disposto a ajudar seus amigos na jornada. Ele recompensa a amizade. Um dos primeiros relatos da Igreja é o de Santo Ammon. O Santo estava viajando com seu discípulo Teodoro:

Quando chegaram a um riacho que planejavam atravessar, viram que a água havia subido e transbordado. Eles perceberam que tinham que atravessar a nado em vez de caminhar. Os dois se separaram para se despir, mas Santo Ammon, sendo muito tímido para nadar nu, estava tentando decidir o que fazer quando de repente foi transportado para o outro lado. Teodoro, subindo e vendo que havia passado sem se molhar, pressionou o Santo por uma explicação e foi tão insistente que o Santo finalmente confessou o milagre.[3]

Acho que o selvagem da TV, Bear Grylls, gostaria de ter esse milagre!

Parece que o desejo é uma força poderosa na construção de possibilidades espirituais. A expectativa produz fé.

A fé produz evidências do invisível. A fé molda a realidade.

Na próxima história, São Domingos queria passar a noite inteira em oração na igreja, mas infelizmente ela estava trancada para a noite.

(São Domingos) estava viajando uma noite na companhia de um monge cisterciense quando eles se aproximaram de uma igreja vizinha. Segundo o costume do santo, ele queria passar a noite em oração diante do altar, mas ficou desapontado ao encontrar a igreja bem trancada para a noite. Ambos decidiram passar a noite

em oração na escadaria da igreja quando de repente, "sem saber dizer como, se encontraram diante do altar-mor dentro da igreja, e lá permaneceram até o raiar do dia".[4]

Esse é o poder do desejo. Isso puxa o favor do pai. Observe que eles também tinham a capacidade de não precisar dormir, um fruto comum da união mística. Existe Vida em União.

Recentemente, tive o prazer de ouvir Paul Keith Davis contando histórias sobre o profeta Bob Jones, um herói pessoal meu. Eu gostaria de tê-lo conhecido na Terra.

Paul Keith nos contou como eles estavam em Moravian Falls, nos EUA. Eles estavam lá orando para que o terreno fosse vendido para a igreja. Certa manhã, um anjo sacudiu Bob para acordá-lo. Ele disse para ele se vestir e ir com ele. O anjo transportou Bob até o topo da colina para enfrentar um ser demoníaco que estava bloqueando a venda. Bob lidou com isso. É uma história emocionante. Paul Keith ficou surpreso ao acordar cedo e ver Bob descendo lentamente a colina por conta própria. Bob estava esperando por uma operação no joelho no momento e Paul Keith ficou surpreso ao vê-lo descendo a colina. Bob contou a ele o que aconteceu.

Depois de ouvir toda a história do anjo, Paul Keith pressionou Bob para acordá-lo se um anjo fizesse isso novamente. Paul Keith riu nos contando a história, mas acho que ele ficou arrasado por perder a diversão!

Pere Lamy, era outro homem idoso (como Bob) que foi transportado para salvar seus pobres joelhos. Ele era um pároco católico que fez muitas maravilhas. Ele caminhou próximo aos anjos e muitas vezes foi ajudado por eles:

Muitas vezes fui apoiado pelos santos anjos, quando estava exausto de cansaço e fui levado de um lugar para outro sem saber nada a respeito. Eu costumava dizer "Meu Deus, como estou cansado". Eu estava muito longe em minha paróquia, muitas vezes à noite, e me encontrava na Place St. Lucian de repente. Não sei

como aconteceu.[5]

Eu amo isso. O céu se preocupa!

Ian Clayton é um precursor dessa tecnologia espiritual. Ian tem experiências de teletransporte regularmente, aparecendo em uma cela de prisão para curar um cristão, transportando-se para a China para ensinar sobre o Reino do Reino, salvando uma família no Oriente Médio de um ataque a bomba. Estranhamente, algumas vezes ele foi ferido e tem as cicatrizes para mostrar isso.[6]

Da mesma forma que aprendemos a "despertar o dom dentro de nós" como a profecia e o falar em línguas, também saberemos como "agitar" o teletransporte, a bilocação, a mudança de dimensões e a operação de maravilhas. É a progressão natural do crescimento até a maturidade como um Ser-Espírito.

Como a tecnologia natural, o que antes parecia mágico no passado, com o tempo se tornará comum e normal. A tecnologia está crescendo. Prepare-se para o aumento espiritual correspondente!

Acredite em transportes milagrosos!

METAMORFOSE

> Enquanto eles observavam, ele (Jesus) começou a mudar de forma (Mateus 17: 2, CJB).

Recentemente, solicitei um novo passaporte. Eu tinha novas fotos atualizadas tiradas para ele. Eu não conseguia acreditar o quanto meu rosto mudou em dez anos. É estranho.

Conforme você envelhece, você percebe que o corpo externo não é realmente quem você realmente é. O corpo é um presente incrível e serve a um propósito poderoso na Terra. Ele nos permite funcionar no mundo visto, mas não pode definir em última análise a parte mais profunda de nós.

Neste capítulo, quero falar sobre um estranho assunto relacionado ao corpo. Eu considerei não colocá-lo no livro, pois é um pouco estranho. Mas eu senti diante do Senhor que estava certo e espero ter feito a coisa certa. Talvez ajude alguém que está lendo este livro a entender algumas de suas experiências. Deus se preocupa com ele. Isso pode ser para você.

Eu quero falar sobre a mudança de aparência sobrenatural. Os estudiosos da Bíblia chamam de "Metamorfose" ou "Transfiguração", que significa simplesmente:

Uma mudança completa de forma física ou aparência (dicionário. com)

Parece que na vida dos "KAINOS" a mudança física é muito possível. A maioria das pessoas conhece a história da transfiguração na montanha. Foi um momento incrível de Jesus mostrando aos seus amigos mais próximos quem ele realmente era em sua natureza divina. De repente ele mudou de forma.

Sua aparência mudou dramaticamente na presença deles (Mat 17: 2, AMP).

O seu rosto resplandeceu e suas roupas ficaram brancas como a luz. Naquele momento, acredito que eles vislumbraram o futuro de nossa espécie.

Esta não foi a única vez que Jesus alterou sua forma física. Isso é algo raramente discutido na vida da Igreja, mas é claramente importante o suficiente para ser mencionado nas escrituras. Basta pensar nos seguintes versículos estranhos dos Evangelhos:

**Eles não foram capazes de reconhecer quem ele era (Lucas 24:16).
Ela pensava que ele era o homem encarregado do jardim (João 20:15).
Os discípulos não sabiam que era Jesus (João 21: 4).
Nenhum dos discípulos ousou perguntar: "Quem é você?" (João 21:12).**

É um mistério para mim por que Jesus mudou de aparência nos Evangelhos. Acho que a cada vez isso mostrava um atributo diferente de sua Natureza Divina. Talvez tenha ensinado seus amigos a vê-lo por meio do Espírito e não da carne. Para reconhecê-lo através da cardiognose que é a forma como o Céu funciona.

A história registra muitas vezes que Jesus apareceu disfarçado aos santos. O famoso pioneiro monástico São Martinho de Tours[1] uma vez compartilhou sua última capa com um mendigo sem teto no frio congelante. Martin depois teve uma visão de Jesus usando o manto no céu, regozijando-se com os santos e anjos. Jesus apareceu para ele em outra forma, a forma de um mendigo humilde. Surpreendente!

Uma de minhas amigas, Lorna, da Escócia, teve uma honra

semelhante. Ela conheceu Jesus no café do supermercado no aniversário dela de 50 anos. Jesus parecia um homem comum. Ele começou uma conversa com Lorna e eles comeram peixe juntos. Eles conversaram por algum tempo e Suas palavras foram cativantes. Só depois do almoço Lorna percebeu que era realmente Jesus. Estava escondido dela na época. Que maravilhoso presente de aniversário! Deus tem um senso de humor incrível! Você não gostaria de ver Jesus? Eu acho que você pode (João 17:24).

Outras vezes nas Escrituras, lemos sobre formas ainda mais surpreendentes e místicas de transformação acontecendo com Jesus. Aqui João o viu com cabelos brancos e olhos de fogo:

E, voltando-me, vi ... Um semelhante ao Filho do Homem, vestido com uma roupa até os pés e cingido no peito com uma faixa de ouro. Sua cabeça e cabelos eram brancos como lã, brancos como a neve e Seus olhos como chama de fogo (Ap 1: 12-14).

Como se isso não fosse louco o suficiente para uma experiência, o amado João mais tarde viu Jesus, como um cordeiro com sete olhos e sete chifres. Verdadeiramente bizarro e assustador.

E eu olhei, e eis, no meio do trono e dos quatro seres viventes, e no meio dos anciãos, estava um Cordeiro como se tivesse sido morto, com sete chifres e sete olhos, que são os sete Espíritos de Deus enviado a toda a terra (Ap 5: 6).

Ao contemplá-lo, tornamo-nos semelhantes a ele. É possível se envolver tão profundamente com o Senhor a ponto de assumir brevemente a aparência dele? É difícil de imaginar, mas totalmente possível de acordo com a Bíblia:

Agora todos nós, com nossos rostos descobertos, refletimos a glória do Senhor como se fôssemos espelhos; e assim estamos sendo transformados, metamorfoseados, em Sua mesma imagem de um brilho de glória para outro, assim como o Espírito do Senhor o realiza (2 Cor 3:18, VOI).

Talvez seja isso o que aconteceu com Moisés depois de ver o Senhor face a face. Lemos em algumas traduções mais antigas que seu rosto não estava apenas brilhando, mas que ele também tinha algo parecido com chifres.

E quando Moisés desceu do monte Sinai, ele segurou as duas tábuas do testemunho, e ele não sabia que seu rosto estava chifrudo pela conversa do Senhor (Ex 34:29, DRB).

Isso vem da palavra "qaran" que significa "enviar raios ou exibir ou fazer crescer chifres, seja chifrado". Algumas pinturas antigas até mostram Moisés com esses chifres incomuns.

Não estou sendo dogmático sobre nada disso. É muito interessante e faz você pensar no que é possível. A Bíblia é muito mais estranha do que pensamos. Bill Johnson ri quando os pastores dizem "Eu só quero o que está na Bíblia". Ele pergunta, "Tem certeza !?" a Bíblia é muito maluca!

Olhando para a vida dos santos, existem centenas de histórias de metamorfose frequentemente envolvendo seus rostos brilhando ou parecendo angelicais. Na próxima história, o santo católico Bernardino Realino foi transfigurado quando estava em êxtase:

Um brilho extraordinário transformou seu semblante. Alguns declararam que viram faíscas vindo de todo o corpo como faíscas de fogo, enquanto outros declararam que o brilho que vinha de seu semblante os deslumbrou em mais de uma ocasião, de modo que já não puderam distinguir suas feições e tiveram que desviar o olhar por medo de forçar os olhos.[2]

Ocasionalmente, você encontra uma história de metamorfose que vai ainda mais longe. Esta é uma das minhas favoritas. Vem da vida de Patrício na Irlanda. É inspirador!

Conta-se que São Patrício e seus homens estavam viajando para a corte do rei, quando descobriu que os Druidas (sacerdotes celtas) haviam preparado uma emboscada para ele. Enquanto caminhavam, o santo e seus seguidores entoavam a sagrada Lorica, ou Grito do

Veado, que mais tarde ficou conhecida como a oração do peitoral de São Patrício, e alegada novamente com alguma incerteza, ter sido criada pelo santo. De acordo com o mito, os druidas não viram o santo e seus seguidores passarem, mas viram apenas uma corça gentil seguida por vinte filhotes.[3]

Eu realmente vi uma pessoa mudar de aparência. Não tão dramaticamente quanto Patrício, mas uma vez vi um jovem profeta mudar bem na minha frente. Eu vi seu rosto mudar. Parecia o rosto físico de Jesus. Seu cabelo cresceu, o formato de seu nariz e olhos mudou, ele deixou crescer uma barba curta. Foi surpreendente!

Antes que eu pudesse entender o que estava acontecendo, seu rosto original voltou ao lugar. A forma de Jesus desapareceu instantaneamente. Fiquei tão surpreso que não contei a ninguém na época, nem mesmo a esse jovem profeta. Isso me surpreendeu. Verdadeiramente uma maravilha!

Desde então, deparei com fenômenos semelhantes várias vezes. Até aconteceu comigo. Certa vez, enquanto ministrava no País de Gales, meu rosto mudou durante a ministração do ensino, para o espanto de alguns visitantes. Eles disseram que eu parecia outra pessoa. Minha mãe viu isso e disse que não parecia comigo. Ela achou difícil de descrever, mas sabia que era o Senhor. Eu não sabia que isso estava acontecendo. Eu estava profundamente absorvido em Deus.

Talvez seja isso também o que aconteceu com Estevão no livro de Atos:

Todos os que estavam sentados no Sinédrio olharam para Estevão e viram que seu rosto parecia o rosto de um anjo (Atos 6:15, CJB).

De alguma forma, o rosto de Estêvão parecia diferente. Algumas traduções dizem que o "olharam atentamente" (AMPC) para ele, cativados pela sua aparência. É uma escritura incomum.

Como acontece com todas as coisas boas, existe uma falsificação de Satanás. Ele gosta de roubar, distorcer e abusar do mundo espiritual para seus próprios fins egoístas. Meu bom amigo no ministério, Grant Mahoney, testemunhou em primeira mão um feiticeiro mudar de forma. Esta história está registrada em um de nossos podcasts chamado "Filiação" (disponível gratuitamente online):

Estávamos em uma viagem missionária e ouvimos risos do lado de fora da tenda. Abri a barraca e vi uma hiena lá fora. Quase molhei as calças! Éramos cinco ou quatro na tenda e todos vimos a hiena. Nós o repreendemos e como todos nós o repreendemos, nós o vimos se transformar em um feiticeiro e fugir. Isso é real![4]

Eles podem ser capazes de fazer algumas maravilhas espirituais como os feiticeiros egípcios (ver Êxodo 7: 8-11), mas chegará um momento em que os filhos excederão suas habilidades em todos os aspectos. Eles serão forçados a admitir:

Este é o dedo [sobrenatural] de Deus (Êx 8:19, AMP).

O precursor Grant Mahoney já está começando a fazer isso. Antes de ler a próxima história, quero que você saiba, Grant é um homem íntegro que anda intimamente com o Pai. Ele é completamente de Jesus. Ele é alguém em quem confio. Eu acredito em seu relato.

Há coisas que vamos fazer que deixarão as pessoas loucas ... Na minha própria vida, isso me aconteceu seis vezes. Pelo mesmo motivo – uma vez onde mulheres estavam prestes a ser estupradas. Eu estava lá (no Espírito) e me transformei em urso, e lidei com os estupradores. E isso aconteceu duas outras vezes quando eu estava em uma situação em que minha vida estava em risco. Eu me transformei em um urso novamente e a ameaça foi embora. Eu tenho um parâmetro para isso? Não. Simplesmente aconteceu. Eu não tenho uma explicação para isso.

Surpreendente! Isso é justiça. Resgatando. Salvando. Entregando. Parece o paraíso para mim!

Grant não é o único a ter experiências que alteram a forma. Conheci outras pessoas com manifestações semelhantes em minhas viagens.

Eles pediram para ficar escondidos, preferindo ser desconhecidos, suas histórias permanecendo em segredo. Eu honro isso.

Eu percebo o quão extenso é tudo isso. A própria Bíblia testifica que há coisas novas por vir que "nenhum olho viu, nem ouvido ouviu" (1 Cor 2: 9). Devemos nos ajustar à Pomba enquanto ele se aventura nos caminhos familiares para um novo território. Lembre-se, "para Deus TODAS AS COISAS são possíveis" (Mateus 19:26).

Em experiências proféticas, me foram mostradas algumas das mudanças futuras. Eu vi que alguns missionários serão teletransportados para as nações muçulmanas em um instante, aparecendo para as multidões como da mesma etnia e falando a língua local. Mais uma vez, haverá provas convincentes da ressurreição que trará muitos filhos à glória.

Em uma visão de transe, o Senhor me mostrou um majestoso Ser de Luz. Com a forma de uma pessoa, brilhava com energia colorida. Pareciam brilhos vivos de âmbar, com a graça da música. Fitas de luz e cor. Eu soube quando vi que não havia nada igual. Foi único. Fiquei pasmo olhando para ele. Atordoado.

O Senhor disse: "Você sabe o que é isso?" Eu não. Ele disse "É a beleza do espírito humano". Ele fez uma pausa para me permitir digerir isso. Então Ele me disse algo impressionante: "O espírito humano tem uma capacidade ilimitada de crescer".

As implicações penetraram meu coração. Vi por revelação que continuaremos crescendo e crescendo, mesmo além dos anjos e das coisas criadas. Que somos a jóia da coroa do cosmos. Sua Noiva. Como nada mais.

Pedi ao Senhor que me desse uma escritura para apoiar isso. Mesmo sendo algo muito poderoso, gosto de ver também na Palavra. Descobri que Papai fica feliz em me dar as escrituras. Ele disse "Isso é fácil; 1 João 3: 2! " que (parafraseado) diz:

Mas agora somos filhos de Deus ... mas o que seremos - não sabemos!

Uau! Agora somos filhos, mas o que seremos, ainda não sabemos. Pense sobre isso. Nenhum de nós sabe o que realmente nos espera. Nosso futuro é glorioso. Eu amo isso!

Leia novamente na Mensagem:

Mas amigos, é exatamente isso que somos: filhos de Deus. E isso é apenas o começo. Quem sabe como vamos acabar! O que sabemos é que quando Cristo for revelado abertamente, nós o veremos - e ao vê-lo, nos tornaremos como ele. Todos nós que esperamos sua vinda, estamos prontos, com a pureza brilhante da vida de Jesus como modelo para a nossa.

Tudo o que sabemos é que nosso corpo atual é apenas uma semente. A árvore será muito maior.

Existem também corpos celestes e corpos terrestres; mas a glória do celestial é uma, e a glória do terrestre é outra. Há uma glória do sol, outra glória da lua e outra glória das estrelas; pois uma estrela difere de outra estrela na glória ...

O primeiro homem era da terra, feito de pó; o segundo Homem é o Senhor do céu. Como foi o homem do pó, assim também são os que são feitos do pó; e como é o Homem celestial, também são aqueles que são celestiais. E, assim como trouxemos a imagem do homem do pó, levaremos também a imagem do homem celestial (1 Cor 15: 40-49).

É demais para lidar! Não é de se admirar que nos embriagamos de alegria! O Evangelho fica cada vez maior quanto mais você bebe!

Estamos totalmente identificados na nova criação renovada em conhecimento de acordo com o padrão da IMAGEM EXATA de nosso Criador (Colossenses 3:10, MIR).

Nossos corpos não podem mais nos definir.

MUDANÇAS DIMENSIONAIS

"Deus quer que entendamos e acreditemos que estamos mais verdadeiramente no céu do que na terra." (Juliano de Norwich)[1]

Pelo desígnio de Deus, cada limitação humana que imaginamos será quebrada por meio de novos pioneiros espirituais. Como a revolução industrial anterior, estamos em uma revolução tecnológica espiritual que, no final das contas, levará a Terra para uma era gloriosa de paz e avanço.

Uma das limitações a serem quebradas é que nossos corpos físicos sejam cativos do plano dimensional visto. Até agora tem sido normal que nossos corpos permaneçam aqui enquanto nossos espíritos se movem para os Céus ou através da Terra. Isso vai mudar.

Desde o início, fomos feitos para ser multidimensionais. Como a Escada de Jacó, somos Portões e Portas (plural) para vários planos de existência dimensional:

Portões poderosos: levantem suas cabeças! Portas antigas: levante-se bem alto! (Salmos 24: 7, CEB).

Enoque é um modelo fundamental por enquanto. Ele era o sétimo desde Adão. Sete é o número do fim, o cumprimento, o descanso, o Divino. Enoque hospedou seu corpo no Espírito. Ele foi levado para o céu por longos períodos de tempo. Eventualmente desaparecendo da vista. Ele passou por muitas dimensões pela fé.

PELA FÉ Enoque foi levado embora (NKJV) ... arrebatado (AMP)

... transladado (DAR) ... removido (DLNT) ... transladado (KJV) (Hb 11: 5).

Eventualmente, Enoque pulou a morte e agora vive como um "Ser Eterno". Antigo, mas tão novo quanto um jovem. Transformado em corpo, alma e espírito. Transcendente.

Ele nos mostra um pouco do que significa viver "Além do Humano" - imortal, sempre jovem, transdimensional e cheio do Espírito. Enoque mostra que é possível transcender a morte.

Até agora, a Igreja sempre foi contida e confinada por esta dimensão inferior. Cativo para o visto. Nossos corpos permaneceram limitados. Isso vai mudar!

Vamos explorar isso. Até onde podemos ir?

Olhando novamente para o único Projeto perfeito, Jesus Cristo, vemos algumas coisas realmente interessantes. Jesus moveu dimensões no espírito e no corpo. Ele foi capaz de levar seu corpo do mundo visível para o invisível conforme necessário.

Na seguinte história do Evangelho de João, lemos sobre uma multidão religiosa irada que queria matar Jesus. A multidão estava com tanta raiva que pegaram pedras para matar Jesus dentro do templo. Não havia onde se esconder! Nenhum lugar para correr! Jesus estava preso. Cercado! Como ele saiu dessa?

Eles pegaram pedras para atirar nele; mas Jesus se escondeu (João 8:59).

Eles pegaram pedras para atirar nele, mas Jesus DESAPARECEU (PHI).

Ele escapou da multidão enfurecida desaparecendo. Ele mudou de dimensão. Como anjos, ele ainda estava na Terra, mas não no mesmo mundo! Aposto que aconteceu tão rápido que as pessoas não conseguiram processar em suas mentes. Eles ficaram surpresos!

Jesus não apenas desapareceu, mas nesse estado incomum ele foi capaz de passar direto por objetos sólidos, estranhamente até mesmo direto por pessoas.

Passando pelo meio deles, e assim passou (YLT).

Esta é a força imparável de viver dos 'Livros do Céu' (veja Salmos 139: 16). Não era a sua hora de morrer. Ele não poderia ser interrompido até a cruz. Ele viveu em convergência com o céu. Uma verdade mais elevada do que a luz visível.

Esta não foi a única vez que Jesus fez isso. Jesus deixou a multidão religiosa tão louca com seu ensino! Ele não disse o que eles queriam ouvir e os desafiou profundamente. Ele os deixou loucos ('cheios de cólera'). Uma vez, eles o agarraram e o expulsaram da cidade. Veja o que aconteceu a seguir:

Eles se levantaram e O expulsaram da cidade; e eles o levaram até o cume da colina em que sua cidade foi construída, para que pudessem jogá-lo do penhasco (Lucas 4: 28-30).

Você não pode caminhar gentilmente no meio de uma multidão de religiosos sedentos de sangue. Eles estavam empolgados e prontos para matar. Deve ter sido um momento muito dramático. Seus discípulos pensaram que tudo estava acabado para Jesus? Este foi o fim?

Imagine o choque deles quando Jesus mudou de dimensão novamente! Ele era invisível ou parcialmente invisível? Ele parecia um fantasma? Tudo o que sabemos é que ele caminhou ATRAVÉS deles.

Então, passando pelo meio deles, Ele seguiu Seu caminho (Lucas 4:30).

Parece tão bom ... passar por eles. Jesus provavelmente os assustou!

(Por que eles nunca mostram isso nos filmes de Hollywood Jesus?)

Outra vez, Jesus não apenas mudou de reino, ele se transformou tanto que parecia etéreo como um fantasma e se tornou anti-gravimétrico! Até a gravidade se tornou uma verdade menor.

Quando os discípulos viram Jesus andando sobre as águas, pensaram que ele era um fantasma e começaram a gritar. Todos eles o viram e ficaram apavorados. Mas ao mesmo tempo ele disse: "Não se preocupe! Eu sou Jesus. Não tenha medo. " (Marcos 6:49, CEV).

Ele parecia um fantasma - transparente, não realmente aqui, transdimensional!

À medida que bebemos cada vez mais da união que temos com a Essência Divina, coisas belas e surpreendentes acontecerão ao corpo. A frequência de nossos corpos mudará e descobriremos que não somos «realmente daqui», «não somos deste mundo».

Eu chamo isso de ser "escondido aqui e revelado ali".

Como disse o místico inglês Julian de Norwich "Estamos mais no Céu do que na Terra".[1]

Desaparecer é mover nosso corpo para outro mundo dimensional. É onde os anjos caminham. Onde a 'Nuvem de Testemunhas' é vista. Isso nos rodeia. Envolve tudo.

Pode surpreendê-lo, mas alguns santos SABIAM como MUDAR DE FASE à vontade. Eles entenderam a tecnologia espiritual por trás disso. Um desses santos que desapareceu foi Francisco de Paola. Ele era conhecido ao longo de sua vida como um grande milagreiro. Nesta história, Francisco se viu cercado por seguidores ansiosos após visitar o governador. Ele estava preso na multidão.

Quando ele estava prestes a sair, as pessoas se aglomeraram em torno do palácio do governador para vê-lo e ficar perto dele. Seu grande entusiasmo pelo Santo foi expresso rasgando-se pedaços de sua roupa - o que o Santo surpreendentemente permitiu.

Deus renovaria suas roupas tão rápido quanto elas estavam sendo rasgadas. Os espectadores ficaram surpresos ao ver que depois que dezenas de pessoas rasgaram seu capuz e túnica, os dois ainda estavam milagrosamente inteiros.

Achando impossível abrir caminho no meio da multidão que se aglomerava na praça e ficando um tanto constrangido com a adulação, o Santo desapareceu repentinamente diante dos olhos do povo, para grande confusão. Em um momento ele estava lá no momento seguinte ele se foi. Seus companheiros, para seu espanto, o encontraram esperando por eles do lado de fora das muralhas, pronto para começar a jornada.[2]

Amo a humildade dos santos, eles não buscavam fama, mas viviam para a glória de Deus.

São Geraldo Majella é outro santo católico muito querido. Ele viveu uma vida de "KAINOS" e manifestou grande poder. Aqui está outra história do livro inspirador de Joan C. Cruz, Mistérios, Maravilhas e Milagres na Vida dos Santos, um livro que recomendo muito.

Um dia, no mosteiro de Caposele, o santo recebeu permissão para fazer um retiro diário de oração e recolhimento em seu quarto. Pouco depois o padre reitor precisou dele e mandou alguém buscá-lo. O Santo não foi encontrado, embora todos na casa o procurassem. O Dr. Santorelli, o médico do mosteiro uma vez, exclamou: "Perdemos o irmão Gerard!"

O Dr. Santorelli levou consigo um dos irmãos para outra busca e dirigiu-se ao quarto do Santo, que media dez metros quadrados. O quarto continha apenas uma cama pobre e uma mesinha, sem móveis que o impedissem de ser visto. Ele não estava em lugar nenhum.

Por fim, uma das religiosas percebeu que o Santo certamente se apresentaria no momento da sagrada comunhão, e assim esperaram.[3]

Ah! Eu amo isso. A comunhão é uma isca santa! Garantido para tirá-los do esconderijo!

A história continua:

Exatamente como previsto o Santo foi visto naquele momento particular. Ao ser questionado sobre onde ele tinha estado, o Santo respondeu: "No meu quarto." Quando os religiosos falaram ao Santo dos vários lugares que o procuraram, ele não respondeu. Então, obedecendo a dizer o que aconteceu, o Santo explicou: "Com medo de ser distraído em meu retiro, pedi a Jesus Cristo a graça de ficar invisível".

O Dr. Santorelli ainda estava muito curioso e continuou pressionando São Geraldo para obter respostas.

Pegando o médico pelo braço, o Santo o conduziu até sua cela e apontou para o banquinho onde estivera sentado o tempo todo em que o procuraram. Aí o Santo sussurrou para o médico: "... às vezes me encolho". Esse milagre se tornou tão conhecido localmente que as crianças pequenas diziam "Vamos brincar de irmão Gerard" e iam brincar de esconde-esconde. Você pode imaginar isso de novo hoje? Eu posso. Estou convencido de que está chegando. Vamos ficar surpresos novamente.

Na verdade, em alguns lugares essas maravilhas já começaram. Talvez você tenha lido sobre o irmão Yun da China? Em seu livro "O Homem do Céu", Yun compartilha uma história absolutamente incrível sobre como ele escapou da prisão:

De alguma forma, o Senhor pareceu cegar o guarda. Ele estava olhando diretamente para mim, mas seus olhos não reconheciam minha presença. Eu esperava que ele dissesse algo, mas ele apenas olhou através de mim como se eu fosse invisível. Ele não disse uma palavra. Passei por ele e não olhei para trás. Eu sabia que poderia levar um tiro nas costas a qualquer momento... Continuei descendo as escadas, mas ninguém me deteve e nenhum dos guardas me disse uma palavra![4]

Surpreendentemente, em plena luz do dia, ele passou por vários guardas bem no portão da frente. Ninguém jamais havia escapado daquela prisão de alta segurança antes. Foi um milagre!

Esta mudança dimensional não se limita à perseguida igreja chinesa. Isso também está acontecendo no mundo ocidental. Em seu livro *Supernatural Transportation*, Michael Van Vlymen compartilha um momento incrível, onde ele andou por uma multidão de pessoas. Michael escreve:

Eu estava buscando ao Senhor uma noite quando de repente me vi em um local de concerto ao ar livre não muito longe de nossa casa. Havia muitos jovens presentes neste show que estavam obviamente bêbados ou drogados, ou ambos. Eu vi uma multidão de pessoas andando em minha direção e senti que deveria andar na outra direção, então eu fiz. No começo, tentei me mover e virar de lado para navegar no meio da multidão, mas percebi que estava de fato andando no meio das pessoas. Ao perceber isso, nem tentei evitá-los. Eu apenas passei por eles. Eu poderia dizer que muitas pessoas ficaram visivelmente chateadas com a experiência e eu acho que provavelmente pensaram que era devido ao álcool ou drogas.[5]

Por que Deus iniciaria um ato tão bizarro? Michael acredita que foi para tirar as pessoas de seus vícios. Na verdade, foi uma poderosa manifestação de graça para despertar corações adormecidos. Eu acredito nisso!

Eu acredito que esse tipo de sinal e maravilha vai aumentar. Estamos entrando em dias de choque e admiração. A alegria e o temor de Deus estão vindo sobre nós novamente, como Oséias profetizou:

Eles temerão o Senhor e Sua bondade nos últimos dias (Os 3: 5, NKJV).

Na verdade, isso já está acontecendo. A precursora Nancy Coen já foi enviada pelo Espírito a uma boate satânica. Era um dos lugares mais sombrios que você pode imaginar, cheio de pessoas demoníacas. Todos se viraram para olhar para Nancy. Diante da multidão, ela começou a chorar e gemer em profunda intercessão pelo povo. Nancy sentiu o desejo da criação ecoando por todo o seu ser (ver Romanos 8:22). Tudo o que Nancy fez foi chorar. Ela saiu do clube pensando que havia falhado.

Dois anos depois, Nancy conheceu a (ex) alta sacerdotisa da boate. Ela contou a Nancy o que realmente aconteceu. Enquanto Nancy chorava, ela desapareceu no ar e reapareceu como uma luz cegante brilhante na frente dos satanistas. A luz sobrenatural atingiu a suma sacerdotisa completamente cega.

Suas amigas entraram em pânico e queriam levá-la ao pronto-socorro. No entanto, ela sabia que era Jesus. Ela foi levada para casa e lá Deus a curou e a libertou. Nos próximos dois anos, esta mulher transformada levou a maioria dos satanistas daquele clube a Jesus. Ela agora está se movendo em um poderoso ministério profético. Surpreendente![6]
Esta era não será simples como antes.

**O primeiro Adão recebeu vida,
o Último Adão é um Espírito que dá vida
(1 Cor 15:45, MSG).**

As implicações do Evangelho são enormes.
A morte será tragada pela vida.

INÉDIA: JEJUM PROLONGADO

> Seus discípulos insistiram com Ele, dizendo: "Rabi, coma." Mas Ele lhes disse: "Uma comida tenho para comer que vós não conheceis". Portanto, os discípulos disseram uns aos outros: "Alguém trouxe-lhe alguma coisa para comer?" (João 4: 31-33).

Você já está começando a ter um vislumbre da maravilha do Evangelho? É incrível. Nós nunca vamos parar de gostar. Nunca pare de explorá-lo. Os anjos estão maravilhados com isso!

Quanto mais experimento a oração mística e me envolvo nos reinos celestiais, mais tenho que reexaminar muitas suposições sobre o corpo, a mente, o espírito, a distância, as dimensões, o intelecto e muito mais.

Na Co-Vida, algo incrivelmente indescritível aconteceu a cada um de nós. Estamos apenas começando a perceber as implicações do Evangelho. Fomos totalmente redefinidos em Cristo. Mastigue isto:

Os termos, co-crucificado e co-vivo me definem agora. Cristo em mim e eu nele (Gl 2:20, MIR)!

As definições humanas não nos cabem mais. Quem éramos antes está acabado e se foi. Foi co-crucificado e morreu. O novo "Co-Alive" (expressão usada para vida conjuga com Jesus) chegou! À luz do Evangelho, vamos permitir que Deus desvende o pensamento do passado e renove nossas mentes. A maneira como pensamos muda o mundo que vemos. Existem mais possibilidades para explorar.

Vejamos outra mudança desafiadora para nós. Eu quero desafiar a dependência de fontes terrenas de nutrição - isto é, comida e água.

Vamos reexaminar novamente o que significa viver "além das limitações humanas", começando com Jesus e a mulher no poço. Falamos sobre isso no capítulo "Conhecimento infundido". Desta vez, quero me concentrar em um ângulo diferente da história. Como você bem sabe, nesta história Jesus passou um tempo restaurando uma mulher quebrada. Ela ficou surpresa e correu para contar à cidade.

E neste ponto Seus discípulos vieram, e ficaram maravilhados por Ele falar com uma mulher; mas ninguém disse: "O que você procura?" ou "Por que você está falando com ela?"

A mulher então deixou seu pote de água, foi para a cidade e disse aos homens: "Venham, vejam um Homem que me disse todas as coisas que eu sempre fiz. Poderia ser este o Cristo? " Então eles saíram da cidade e foram ter com ele.

Nesse ínterim, Seus discípulos insistiram com Ele, dizendo: "Rabi, coma." Mas Ele lhes disse: "Uma comida tenho para comer que vós não conheceis". (João 4: 27-32).

Jesus deixou de estar "cansado da jornada" para repentinamente ter uma energia Divina sobrenatural. Os discípulos conheciam bem Jesus e podiam ver que ele estava revigorado. Eles perguntaram "Alguém deu a ele alguma comida?" Eles ficaram perplexos (João 4: 1-42).

Sabemos que Jesus gostava de festejar e era mais feliz do que qualquer outra pessoa (Hb 1: 9). Ele comia e bebia e adorava os horários à mesa. Ele foi acusado de beber vinho (ou seja, um 'bebedor constante') pelos religiosos (Lucas 7:34). No entanto, comer parecia ser para alegria, não essencial para a vida. Jesus poderia viver sem isso:

Tenho comida para comer que você não conhece.

Existe um segredo místico aqui. Não perca.

Naquele momento em que se sentou no poço, obedecendo ao Pai, Jesus foi infundido com a Vida do Espírito.

Ele disse:

Minha comida é fazer a vontade daquele que me enviou e completar a sua obra (João 4:34).

Jesus estava pleno e satisfeito em obedecer à vontade do Pai! Reabastecido de alegria!

Essa possibilidade existe para nós também. Podemos viver além da dependência de alimentos. Eu sei que é chocante, mas continue lendo. Deixe-me explicar.

Essa possibilidade "KAINOS" de mídia não é sobre perda. Não! É sobre FESTA de outro Reino. Estamos comendo e bebendo de uma Realidade Oculta. Acessamos a Árvore da Vida (Apocalipse 2: 7)! Estamos GORDOS e FELIZES com a gordura do Cordeiro!

**Cristo, o cordeiro de Deus, foi morto por nós.
Portanto, vamos nos alegrar com ele (1 Cor 5: 7-8, TLB).**

**Pois, de fato, Cristo, nossa Páscoa, foi sacrificado por nós.
Portanto, vamos manter a FESTA (1 Cor 5: 7-8).**

Eles ficarão muito fartos com a gordura da tua casa (Salmos 36: 8, DAR).

Eles saboreiam e festejam com a abundância (Salmos 36: 8, AMPC).

Eu amo o Evangelho Gorduroso de Manteiga de Jesus Cristo! É uma das minhas mensagens favoritas quando viajo. O Evangelho é uma FESTA mística, não um jejum. Seu corpo é comida de verdade.

E Jesus disse-lhes: "Eu sou o pão da vida. Quem vem a mim nunca terá fome, e quem crê em mim nunca terá sede ... Pois a minha carne é verdadeiramente comida e o meu sangue é verdadeiramente bebida. Quem come a minha carne e bebe o meu sangue permanece em mim e eu nele." (João 6: 35-58).

À medida que esta geração percebe (mais do que qualquer outra) a mensagem das obras consumadas de Jesus Cristo e a promessa da união mística contida no Evangelho, amadureceremos e começaremos a viver de todas as consequências de ser co-incluídos em Cristo.

Quando nos unimos a ele, o impossível se torna possível.

Como Moisés na montanha que permaneceu na nuvem negra da presença por semanas, descobriremos que a presença sustenta nossos corpos mais do que qualquer coisa que o mundo visível pode oferecer.

Moisés entrou no meio da nuvem e subiu ao monte. E Moisés esteve na montanha quarenta dias e quarenta noites (Êx 24:18).

Há energia em união com nosso Criador. Nele, podemos acessar nossa vida ILIMITADA.

Eu experimentei pequenos vislumbres disso. Surtos repentinos de energia sobrenatural que duraram dias. Eu acordei cheio de Vida e tive que correr e correr para queimá-la. Frequentemente, na pregação, a energia me compele a andar para cima e para baixo e às vezes correr pela sala, soltando gritos felizes para tentar liberar um pouco da bem-aventurança interior. Frequentemente, fico mais energizado no final da noite do que no início.

Ao tomar cuidadosamente os elementos místicos da comunhão no Espírito, descubro que me torno profundamente consciente de Deus. Senti uma plenitude, um bem-estar interior, que é difícil expressar em palavras. É como uma sensação expansiva de estar cheio de perfeição. A perfeição do Amor.

Em certos momentos, todo o apetite para comer parece se dissolver e perder o sentido. Muitas vezes recusei o convite para uma refeição pós-conferência à noite. Estou aprendendo a respeitar a sensação, em vez de me livrar dela com um comportamento humano programado.

Estou esperando que este fluxo de Vida continue a crescer em mim até que eu possa continuar por semanas sob a energia Divina, assim como os santos. Existe um preço. Você tem que escolher viver em Cristo. Transformando-se em Seu amor. Viver na percepção consciente de Sua presença.

Muitos dos santos entenderam isso. Eles encontraram o "Segredo Místico de Deus que é Cristo" (Colossenses 2: 2, AMPC). No brilhante livro de John Crowder, The Ecstasy of Loving God, John escreve sobre esta Inédia sobrenatural na história da Igreja:

Do ponto de vista médico, é impossível ficar sem água por mais de quatro dias, sem sofrer desidratação e morte. Mas os místicos da igreja, especialmente aqueles que experimentaram um êxtase intenso, passaram por uma inédia que seria impossível de acreditar se não fosse tão bem documentada. Alexandria Maria da Costa foi de 27 de março de 1942 até sua morte em 13 de outubro de 1955, tendo como alimento diário apenas a comunhão. Isso é mais de 13 anos! A mística e estigmatista alemã, Therese Neumann (1898-1962), é talvez o exemplo moderno mais surpreendente. Ela passou 40 anos sem comida e mais de 35 anos sem água, exceto para a comunhão. Ela e Alexandria não experimentaram efeitos nocivos com esse jejum, nem seus corpos eliminaram os resíduos.[1]

Eu li muitos relatos dos Padres do Deserto e dos santos celtas que viviam sozinhos em pequenas ilhas, ou lugares selvagens, tendo uma dieta mínima possível, às vezes comendo apenas uma pequena refeição por dia, sem sofrer danos.

Na história a seguir, São Brendan e seus amigos foram conduzidos pelo Senhor a uma viagem a uma pequena ilha.

Lá eles encontraram um homem muito velho que era sustentado por Deus.

Quando Brendan chegou ao topo da ilha, ele viu duas cavernas com uma cachoeira na frente delas. Enquanto ele estava diante das cavernas, um homem muito velho veio em sua direção. "É bom que os irmãos se reúnam", disse ele e ordenou que Brendan chamasse os outros homens do barco.

Quando eles chegaram, o velho os cumprimentou, beijou-os e chamou-os pelos próprios nomes, um a um. Brendan ficou tão surpreso com o semblante do homem, que era glorioso, e por ele saber seus nomes, que chorou e soluçou, dizendo: "Não sou digno de usar o hábito de monge."

Brendan perguntou a Paulo (o eremita) como ele veio para aquela ilha e de onde ele era anteriormente. Paulo respondeu: "Fui criado no mosteiro de Patrício por cinquenta anos. Eu estava no comando do cemitério dos irmãos. Meu Abade um dia apontou para o mar e disse: 'Amanhã vá lá e você encontrará um barco que o levará a um lugar onde você permanecerá até o dia de sua morte.'

"Fiz o que ele mandou e durante três dias remei e depois parei de remos e deixei o barco à deriva por sete dias e o conduzi pelo Senhor. Assim, vim para esta ilha e aqui fiquei, dedicando-me à oração e à intercessão". Paulo continuou: "No primeiro dia, uma lontra veio e me trouxe um peixe para comer. Depois disso, a lontra vinha a cada três dias e trazia o mesmo. O riacho e a cachoeira trouxeram água, e estou aqui há 90 anos, e fiquei cinquenta em Patrício . Agora, aos 140 anos, ainda estou esperando o dia da minha conta. "[2]

Não é incrível ?! Sou desafiado sempre que leio essas histórias. Essas pessoas viviam 100% para Deus, imergindo Nele. Viver em união com o Céu e a Terra.

Acho que é hora de mudarmos! Eu quero ser livre!

Na década de 1980, o irmão Yun (carinhosamente chamado de "O Homem do Céu") foi preso e espancado quase até a morte. Em condições miseráveis, ele jejuou água e comida por 74 dias. Toda a prisão e os serviços de segurança sabiam desse milagre incrível.[3]

Quando sua mãe e esposa finalmente puderam vê-lo, Yun disse que estava com fome. Eles pensaram que ele queria comer. Mas ele disse que estava com fome e sede de almas. Esta é a sede que Jesus sentiu na cruz. O desejo de reconciliação da humanidade.

O projeto é Cristo. Como o Ressuscitado, Jesus realmente precisa ser sustentado pela comida da Terra por mais tempo? Sabemos que Jesus é capaz de comê-la e desfrutá-la. A Escritura mostra que ele comeu com os discípulos após a ressurreição:

Mas enquanto eles ainda não acreditavam de alegria e maravilhados, Ele disse-lhes: "Vocês têm alguma comida aqui?" Então eles Lhe deram um pedaço de um peixe grelhado e um pouco de favo de mel. E Ele o pegou e comeu na presença deles (Lucas 24: 41-43).

Comida é boa. Somos livres para comê-lo e desfrutá-lo, mas não devemos ser limitados por ele.

Existe um caminho superior emergindo. Conforme a vontade do Senhor, como Deus permite, uma geração transcenderá as limitações humanas, até mesmo a velha necessidade de comer e dormir. Iremos manifestar uma Vida Divina superior oculta que sustenta a vida visível inferior.

Você prepara uma mesa diante de mim na presença dos meus inimigos (Salmos 23: 5).

Ao que vencer, darei de comer da árvore da vida, que está no meio do Paraíso de Deus (Ap 2: 7).

Eu darei da fonte da água da vida de graça àquele que tem sede (Ap 21: 6).

Esta é a maneira "KAINOS" de viver e pensar, acreditando que mesmo agora podemos 'provar o poder da era por vir' (Hebreus 6: 5). Podemos manifestar o futuro aqui e agora.

Podemos não ter o pacote completo aparecendo ainda, mas você não quer saber o quanto podemos ver agora ?! Até onde podemos ir? Eu sei que quero ver mudança em mim.

Estou profetizando para você, para aqueles que lêem este livro com o coração de criança.

Ele me conduz ao lado das águas paradas.
Ele restaura minha alma; (Salmos 23: 1-3)

Para uma geração que se apaixonou pelo pastor, encontraremos a fonte da vida.

Eventualmente, haverá uma companhia de pessoas que viverá para sempre.

Assim como o Pai, que vive, me enviou, e eu vivo pelo Pai, também quem de mim se alimenta, viverá por mim. Este é o pão que desceu do céu - não porque seus pais comeram o maná e morreram. Quem comer este pão viverá para sempre (João 6:57).

A Inédia não pode ser alcançada por meio de fórmulas humanas, jejum natural ou nossa força de vontade interior.

Não! Por favor, não faça isso! Como Jesus disse:

Eu não posso fazer nada por mim mesmo (João 5:30).

Vivendo em união mística, os santos encontraram o fluxo sustentador da Vida:

Pois em você está a fonte da vida (Salmos 36: 9).

e de novo,

Mas quem beber da água que eu lhe der nunca terá sede. Mas a água que eu der a ele se tornará nele uma fonte de água jorrando para a vida eterna (João 4:14).

Santa Catarina de Sienna[4] estava tão cheia de Deus que ela achou quase impossível comer! Na verdade, comer comida a deixaria doente. Ela perdeu totalmente o apetite e viveu de uma pequena porção da comunhão diária.

Acredito apaixonadamente que está surgindo um povo que viverá essa mensagem. Não por antigos esforços humanos, mas porque eles são atraídos para a vida "KAINOS" além do véu. Podemos comer muito bem, mas não seremos sustentados da mesma maneira. Vamos quebrar o controle.

Ainda mais, alguns serão tão cheios de vida, eles viverão além do alcance da morte.

Mas agora [esse propósito e graça extraordinários] foram totalmente revelados e realizados por nós por meio da aparição de nosso Salvador Cristo Jesus que [por meio de Sua encarnação e ministério terreno] aboliu a morte [tornando-a nula e sem efeito] e trouxe à luz a vida e a imortalidade por meio do evangelho (2 Tim 1:10, AMP).

Como Enoque, eles descobrirão o poder de uma vida sem fim.[5]

Foi a fé que impediu Enoque de morrer (Hb 11: 5, GNT).

Na era "KAINOS", a morte perdeu seu ferrão!

Prepare-se para ver a longevidade extensa, a regeneração da juventude e a imortalidade. Pode parecer difícil de imaginar agora, mas está chegando e mais cedo do que você imagina.

Na verdade, já começou.

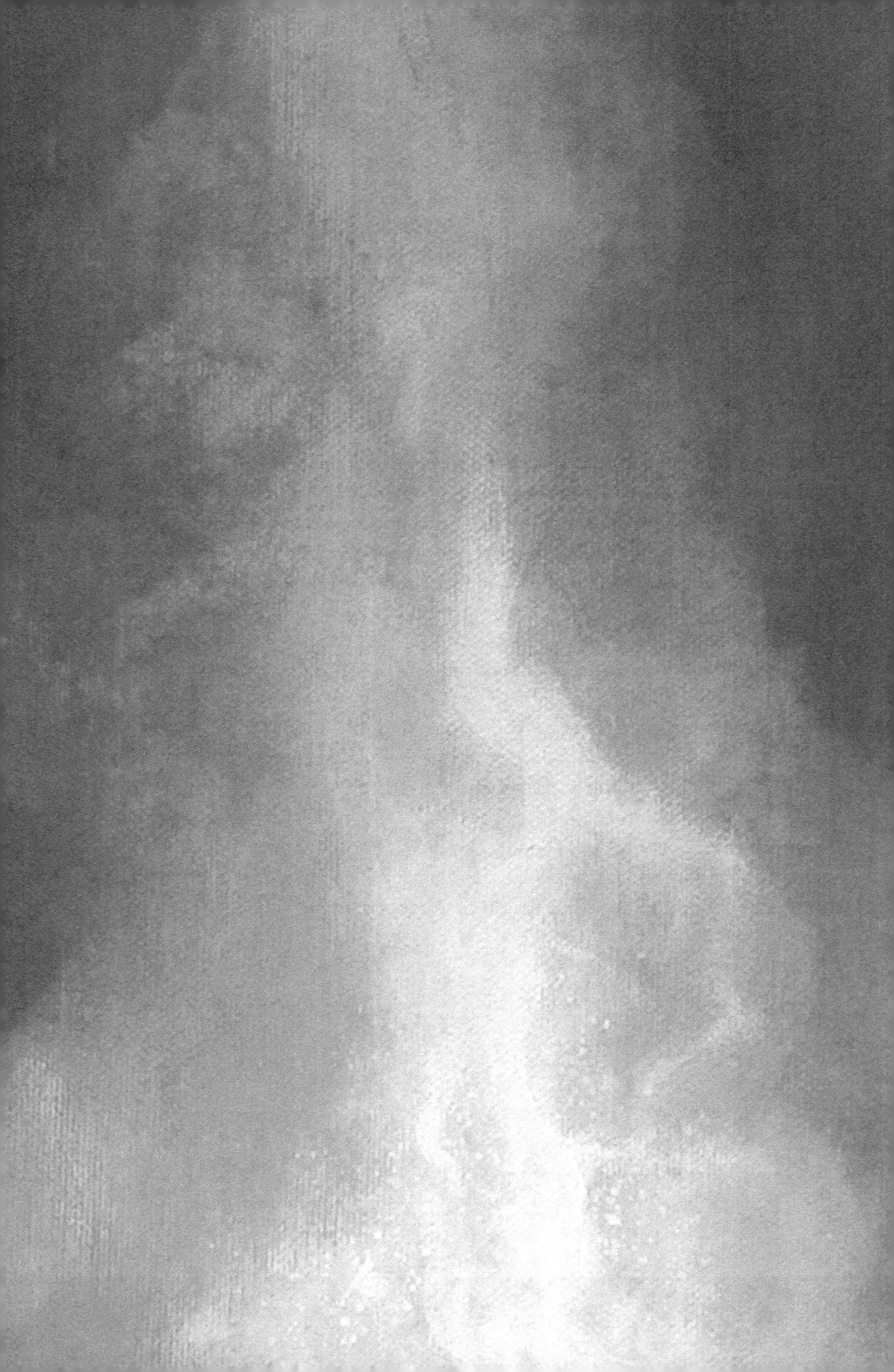

Você sabia que uma pessoa dorme em média oito horas por noite? Se você viver até os 75 anos, terá dormido cerca de 25 anos. Você pode acreditar nisso? 25 anos de olhos fechados!

Eu não sei sobre você, mas eu quero meu tempo aqui para contar, até mesmo a noite. Não quero apenas perder o foco e acordar de manhã me perguntando o que aconteceu. Isso não está certo!

Eu quero estar no Espírito durante o sono, consciente e atento, envolvendo-me no Reino do Pai. Não quero mais ficar inconsciente e desconectado. Isso parece menos do que as Escrituras nos prometem. Pense nisso:

Mas seu prazer está na lei do Senhor
E em Sua lei ele medita dia e noite (Salmos 1: 2).

Como é possível meditar dia e noite? Olhe novamente para esta pista:

Fui dormir, mas meu coração continuou acordado (Cânticos 5: 2, AMPC).

Então você pode ficar acordado e dormir ?! Parece incrível. Quero isso!

É aqui que apresentamos outra feliz verdade! O Evangelho não apenas muda o dia e o preenche com novas possibilidades. Também transforma a noite em momentos ricos de envolvimento com o Céu e viagens no Espírito. Noites inteiras imersas na felicidade da união mística e tendo aventuras nas nações e até nas estrelas.

Comecei a experimentar um pouco disso. Já tive noites em que fui intencional em meu foco em ascender a Deus. Tenho notado que quando me concentro na Unidade e em estar Nele, de alguma forma mais do Céu se abre. É a lei do desejo e do foco.

Deleite-se também no Senhor, e Ele atenderá aos desejos do seu coração (Salmos 37: 4).

Meu amigo Ian Clayton aprendeu que é possível viver com pouco sono e também permanecer consciente durante o sono, hospedando seu corpo em seu homem espiritual. Ian costumava se levantar cada vez mais cedo para orar. Ele estava com tanta fome. No entanto, ele sempre sentiu que não tinha tempo suficiente com o Pai. Ele percebeu que havia muito que ele poderia fazer fisicamente.

Eventualmente, ele encontrou uma solução. Ele aprendeu a envolver o Espírito e ascender durante a noite na Montanha de Deus. Agora ele tem algumas de suas experiências mais profundas durante o sono. Quando ministramos juntos, sempre pergunto a ele "O que aconteceu ontem à noite?" Ele sempre tem algo novo para compartilhar. Muitas vezes, algo vital para as reuniões.

Ele também vive semanas com muito pouco sono, além das limitações naturais. Eu o vi ministrando uma conferência completa direto do aeroporto. É uma façanha incrível quando você viajou da Nova Zelândia e não dormiu nenhuma vez. Essa é a vida "KAINOS".

Parece bom demais para ser verdade? Então continue lendo!

Olhemos novamente para Jesus, Aquele que nos dá esperança de coisas maiores por vir!

Então aconteceu naqueles dias que Ele (Jesus) foi ao monte para orar e continuou a NOITE TODA em oração a Deus (Lucas 6:12).

Parece que para Jesus dormir era opcional! Às vezes, Ele ficava acordado a noite toda em oração.

O que é mais surpreendente sobre isso é quando você considera o estilo de vida agitado de Jesus. Ele caminhou por toda parte. Foi mentor de um grupo de discípulos intensos. Curou os enfermos. Pregado a multidões. Lidou com os religiosos e muito mais.

No entanto, Ele aparentemente ultrapassou as leis naturais e se conectou a uma realidade dimensional superior. Uma realidade que transcende os padrões normais de sono. Um estilo de vida imerso na Vida.

Como isso é possível? Podemos fazer isso também?

O profeta Paul Keith Davis recebeu parte da resposta. Ele teve uma profunda experiência visionária em que viu Jesus orando na montanha. Em vez de tentar ficar acordado como Paul Keith esperava, ele viu que Jesus foi energizado na bem-aventurança da Presença. Ele não estava lutando contra o sono nem contando as horas. Ele foi pego pelo Papai e a noite parecia atemporal. Jesus teve que se afastar pela manhã. A noite inteira foi passada em êxtase. Jesus ressuscitou revigorado ao amanhecer, cheio de alegria.

A Presença é a chave do mistério. Envolver a Presença de Deus é o que abre as portas de possibilidades ilimitadas. Quando vivemos Nele, todas as coisas são possíveis.

"Se você está na presença do Pai, não precisa dormir." Paul Keith Davis.

Eu sinto que a noite é frequentemente perdida. Eu não quero mais viver assim.

Conheço um número crescente de pessoas que estão redimindo a noite. Eles estão quebrando as limitações humanas dos padrões humanos normais. Pessoas como Nancy Coen. Ela está desafiando nossa compreensão do que significa viver na Terra como no céu.

Ouça o testemunho da própria Nancy Coen:

Em todas as vezes que viajei por todas as nações, nunca, nunca tive distúrbio do sono. Agora, quando você viaja milhões de quilômetros para dizer que nunca teve distúrbio do sono, é totalmente incrível. Na verdade, na minha viagem para cá (para a Nova Zelândia), o tempo que demorei desde que saí de casa para chegar à casa deles foi de 64 horas. E nessas 64 horas eu dormi uma hora. Mas quando saí do avião estava tão animada para ver todos, tão cheia de energia que não me incomodou que eu não tivesse dormido.

Estive em lugares nas cavernas da China, onde realmente preguei cinco dias inteiros sem me sentar. Sem fazer uma pausa, sem nunca tirar um cochilo, ou parar para jantar ou tomar um copo d'água, sem (ir) ao banheiro.

Como isso é possível? Não é *humanamente* possível.

A maneira como isso se tornou possível: comecei a obter o avanço para colocar meu espírito no controle de minha alma e meu corpo.[2]

No início do ano, quando comecei a escrever este livro, tive um bloqueio. Eu estava pensando sobre todas as coisas que Deus nos mostrou sobre viver "Além do Humano" e percebi como isso pode soar louco para algumas pessoas. Eu estava pensando em desistir do livro.

Então, um amigo me passou os ensinamentos de Nancy Coen. Fiquei surpreso quando a ouvi ecoar exatamente as mesmas ideias. Fiquei tão emocionado que ouvi dez horas direto de Nancy. Foi como mel para mim. Eu não conseguia o suficiente. Ela confirmou o que eu tinha visto. Não só isso, mas Nancy está realmente vivendo isso. Recentemente, estive com Nancy e ela não dormiu durante os três dias inteiros e parecia cheia de energia. Incrível, considerando que ela tem quase 70!

Se você já ouviu nossos podcasts, sabe que somos realmente

inspirados pelas vidas dos santos celtas. Este grupo de crentes simples caminhou na verdadeira autoridade apostólica e moldou o destino da Irlanda, Grã-Bretanha e além. Eles caminharam com poder, amor e profunda humildade. Como Nancy Coen, eles também frequentemente transcenderam a necessidade de um sono natural.

Grandes exigências foram feitas a Cuthbert e, entre as orações principais e os períodos intensivos de ensino, ele fazia pequenas caminhadas para se refrescar. Em meio a toda a atividade, embora adorasse com a comunidade, muitas vezes procurava um tempo para orações silenciosas, e nessas ocasiões descia a falésia para ficar perto do mar.

Uma noite, um dos irmãos decidiu segui-lo secretamente, curioso para ver o que Cuthbert estava fazendo a noite toda. Com o espião o seguindo, Cuthbert desceu até o mar e entrou na água até chegar ao pescoço. Ali na água, com os braços estendidos, passou a noite louvando a Deus e cantando ao som das ondas. Ao raiar do dia, ele foi para a praia e começou a orar novamente, ajoelhado na areia.[3]

Eu estive na água perto de onde isso aconteceu. É ainda mais surpreendente quando você considera como a água do mar realmente é fria no Reino Unido. Gelado! Incrível!

Francisco de Assis foi outro santo que viveu "além do humano". Como um jovem radical, ele se despiu em protesto e abandonou sua grande riqueza familiar para tocar os mais perdidos e pobres dos pobres. Inicialmente ele era um sem-teto e ridicularizado. Um homem gentil chamado Bernard teve pena de São Francisco e o levou para sua casa na rua.

E então ele o convidou para jantar à noite e se hospedar em sua casa, e São Francisco o aceitou e jantou com ele e se hospedou. Então Bernard mandou preparar uma cama em seu próprio quarto, onde à noite uma lamparina ficava sempre acesa. E São Francisco, para ocultar sua santidade, tendo entrado no quarto, imediatamente se jogou na cama e fingiu dormir. Da mesma

maneira, Bernard, depois de algum tempo, deitou-se e começou a roncar alto, como se estivesse dormindo profundamente. Agora, acreditando que Bernard estava realmente dormindo, São Francisco se levantou da cama e começou a rezar, erguendo os olhos e as mãos ao céu e dizendo com grande devoção e fervor: "Meu Deus, meu Deus". E assim dizendo e chorando continuamente, ficava até de manhã, sempre repetindo: "Deus meu, Deus meu", e nada mais.[4]

Testemunhar essa humilde noite sobrenatural de insônia teve um impacto enorme em Bernard. A partir desse dia ele mudou e se tornou o primeiro monge franciscano. Ele passou a ser um amigo próximo de São Francisco, a cuidar dos pobres, a plantar mosteiros e a viver um estilo de vida profundamente místico. Muitas vezes sendo pego por dias em transe amoroso extático, enquanto caminhava na floresta. Puro êxtase!

Uma das minhas outras santas favoritas é Catarina de Siena (na verdade, tenho tantos santos de que gosto, eles são como amigos para mim). Ela viveu uma vida consagrada desde tenra idade, começando a ter visões celestiais de Jesus aos cinco ou seis anos. Ela foi cativada pelo amor, a tal ponto que:

(Ela) quase não dormia meia hora a cada dois dias. No entanto, ela nunca estava cansada, ou incomodada, ou cansada.[5]
Ela estava doente de amor. O amor te faz esquecer de comer. Esqueça de dormir! O Amor Divino é Vida!

Surpreendentemente, alguns santos levaram essa habilidade ainda mais longe. A franciscana Santa Colette passou um ano sem dormir. Você ouviu isso?! Um ano inteiro. Imagine isso! O que você faria com o tempo extra? Imagine nunca ficar cansado!

Ainda mais surpreendente, Agatha da Cruz, uma dominicana espanhola, não dormiu durante os últimos oito anos de sua vida. Incrível! Eu quero aquilo! Quero estar tão perto de Deus que até meu corpo compartilhe da bem-aventurança.

Mas aqueles que esperam no Senhor renovarão suas forças; eles subirão com asas como águias, correrão e não se cansarão, caminharão e não se cansarão (Is 40:31).

Ou como diz a tradução do VOICE:

Eles vão correr - nunca cansados, nunca cansados. Eles vão andar - nunca se cansam, nunca desmaiam.

O profeta Paul Cain viu que esse versículo seria literalmente cumprido nos próximos dias. Paulo teve visões da colheita com uma clareza impressionante. Nessas experiências de cinema, Paul viu com detalhes excepcionais que haveria encontros em estádios em cidades de todo o mundo. Nessas reuniões de avivamento poderosas, pessoas desconhecidas estavam pregando os mistérios por dias sem parar. Eles não descansavam ou sentavam por dias seguidos, e ainda não mostravam sinais de fadiga ou cansaço.

Isso está chegando! Eu acredito e vivo para ver acontecer. É por isso que estou escrevendo. Acredito que devemos prosseguir e desafiar as limitações. Devemos começar a crescer em nossa capacidade de imaginar uma vida maior. Uma vida louca e selvagem que transforma o mundo!

Nancy Coen, Ian Clayton e os santos históricos mostram que é possível. Mais do que isso, Jesus demonstrou e nos convidou a fazer o mesmo. Se for possível, então eu quero!

Eu te desafio a acreditar. Esta noite, quando você for para a cama, envolva-se com o Céu. Continue praticando. Eventualmente, algo novo vai acontecer. Chaves pequenas abrem portas grandes. Amém!

---

* Discussão ampliada: Jesus dormiu?

Quero propor algo a você que o Pai me ensinou por revelação. Você é livre para pensar de forma diferente se isso não ressoar. Somos todos poderosos para pensar.

O Espírito Santo me perguntou: "Você acha que Jesus estava dormindo no barco?" (ver Lucas 8:23).

Eu me perguntei isso. Pensei na tempestade, na água chicoteando, nas ondas, no grande pânico dos discípulos. Não soa exatamente como um momento de sonho. Mais como uma bagunça fria! Quem dormiria nisso?

O Espírito Santo respondeu: "Ele foi arrebatado ao Pai em êxtase espiritual". Eu fiquei maravilhado! Isso fez muito sentido para mim.

Passei vários anos estudando teologia mística, êxtases e transes, lendo a vida dos santos. Eu sabia que nos estados superiores de oração mística, a pessoa se torna inconsciente do corpo físico. Eles são desligados da consciência dos cinco sentidos e completamente engolidos pelo Amor Divino. Nesse estado, o santo pode até parecer quase morto e, em casos extremos, parar de respirar por completo.

Eu pesquisei a palavra usada por Lucas para Jesus estar "dormindo". Ele escolheu uma palavra incomum em seu Evangelho. Só é usado aqui uma vez em todo o Novo Testamento. A palavra que ele escolheu foi "aphypnoō" (Strongs G879).[6]

Vem de duas outras palavras raiz. O primeiro é "apo" que significa: "a separação de uma parte do todo". A segunda raiz da palavra "hipnos" é de onde vem a palavra "hipnotizado", que é um estado semelhante ao sono. Também significa "torpor espiritual" que é "um estado de forças físicas e atividades suspensas".

Surpreendente! Isso é quase um ajuste exato para as descrições que lemos na teologia católica para estados místicos de êxtase. Quero propor que isso seja o que aconteceu com Jesus no barco. Ele estava usando o tempo do barco para estar totalmente imerso no pai. Tenho certeza de que aconteceu muitas vezes. Tempo com Papai! Um recesso bem-vindo das multidões.

Não estou dizendo categoricamente que Jesus não dormiu, especialmente quando bebê. O que estou dizendo é que Ele transcendeu a escravidão para dormir (veja Mt 26:40) como um Filho maduro. O sono não era o mestre. Ele veio de um Lugar Superior e até a noite O serviu.

Mas seu prazer está na lei do Senhor

E em Sua lei ele medita dia e noite (Salmos 1: 2).

Dia e noite! Eu amo isso !Vamos! Vamos retomar a noite!

DOMÍNIO SOBRE A CRIAÇÃO

A terra ajudou a mulher, e a terra abriu sua boca e engoliu o dilúvio (Ap 12:16, NKJV).

Nossos bisavós, Adão e Eva, tinham um mandato poderoso para a criação. Como amigos íntimos do Divino, eles foram encarregados de subjugar o caos da Terra e reabastecer (renovar e abastecer) a terra de volta à beleza e alegria do Éden.

Frutifique, multiplique-se, encha a terra e a subjugue: e domine (Gn 1:28, KJV).

Que plano incrível! Você pode imaginar a Terra hoje se eles tivessem cumprido a tarefa? Muitas vezes imagino a Terra completamente curada e os muitos ancestrais de Adão movendo-se para fora do cosmos para dar vida a outros planetas e estrelas também. Eu imagino Marte restaurado e vivo. Teria sido incrível nascer naquela época.

Infelizmente, nascemos em um mundo diferente. A consequência da trágica queda do homem foi uma distorção em nosso relacionamento com o Planeta e os seres vivos nele. A coisa toda corrompida. Ficou desagradável! Espinhos, labutando, animais matando animais.

Essa relação com a Terra foi ainda mais prejudicada quando Caim matou Abel. Quando Caim derramou sangue, a Terra retirou sua força.

Quando você cultiva o solo, ele não renderá mais sua força [resistirá à produção de boas safras] para você (Gn 4:12, AMP).

Esse é um versículo surpreendente! A Terra é capaz de nos resistir ou nos ajudar. Este é outro grande mistério que a Igreja quase sempre negligenciou. Temos um relacionamento dinâmico com a Terra. Ele realmente responde a nós! De alguma forma, não entendemos que está viva.

Paulo até deu a entender que toda matéria criada está de alguma forma ciente e esperando por nós. Leia esta passagem familiar novamente lentamente. Experimente e absorva. É incrível!

Pois toda a criação está esperando, ansiando pelo tempo em que os filhos de Deus serão revelados. Veja, toda a criação entrou em colapso no vazio, não por sua própria escolha, mas por Deus. Ainda assim, Ele colocou dentro dela uma esperança profunda e duradoura de que a criação um dia seria libertada de sua escravidão à corrupção e experimentaria a gloriosa liberdade dos filhos de Deus. Pois sabemos que toda a criação geme em uníssono com as dores do parto até agora (Rm 8: 19-22, VOI).

A criação tem uma "esperança profunda e duradoura" de que você aprenda seu relacionamento com ela e a veja livre. Percebo que mal começamos a entender isso.

Talvez, apenas talvez, estejamos agora prontos para aprender. Como filhos "KAINOS", talvez seja a hora de percebermos que fomos feitos para nos unir à iniciativa criativa de Deus e ajudar a natureza. O Profeta Bob Jones costumava dizer que somos os "Escudos da Terra". Que é nosso trabalho, nosso papel ajudar a proteger a Terra de desastres.

Pois os escudos da terra pertencem a Deus (Salmos 47: 9, NKJV). Os guardiões da Terra pertencem a Deus (Salmos 47: 9, CEB).

Devemos estar intimamente cientes da Terra e da natureza. É nosso mandato protegê-lo.

O Profeta John Paul Jackson disse:

Há uma razão pela qual Deus não simplesmente nos falou para

a existência, como fez com a vegetação, os animais, a lua e as estrelas. Em vez disso, Ele escolheu nos criar fora da Terra. Ele nos moldou com Seus dedos - do solo. Por que ele faria isso? Será que os humanos têm um relacionamento com a Terra e a Terra tem um relacionamento conosco que ainda não entendemos? Será que, assim como foi com Caim, nossas escolhas afetam a Terra?[1]

A Bíblia está repleta de histórias da relação dinâmica que temos com a criação:

Os corvos traziam para ele (Elias) pão e carne pela manhã, e pão e carne à noite; e ele bebeu do riacho (1 Reis 17: 6).

E eles (os animais) entraram na arca até Noé, dois a dois, de toda a carne em que há fôlego de vida (Gn 7:15).

Moisés ergueu a mão e bateu na rocha duas vezes com sua vara; e saiu água em abundância (Num 20:11).

Existem muitos outros exemplos nas escrituras. Parece que a Bíblia está cheia do que os teólogos católicos chamam de "Místicos da Natureza!" Parece que nosso destino está vinculado à criação!

Desde o início de seu ministério, Jesus nos mostrou, devemos ser um ponto de convergência entre a natureza e o céu. Veja isso:

E Ele esteve lá no deserto quarenta dias, tentado por Satanás, e estava com as feras; e os anjos ministraram a Ele (Marcos 1:13).

Em um momento de grande provação pessoal, "feras" e "anjos" se reuniram ao seu redor. Terra e Céu respondem à filiação.

Este é o padrão de nossa nova espécie. Devemos trazer harmonia entre os reinos. Combine o que é visto e o que não é visto. Existe uma força magnética dentro de nós que atrai a criação e atrai o reino angélico. É a lei da vida.

Jesus também revelou que devemos controlar o clima ou, como diz o

Gênesis, "assumir o domínio e subjugá-lo".

Então Ele se levantou e repreendeu o vento e a fúria da água. E eles pararam, e houve uma calma. Mas Ele disse a eles: "Onde está a sua fé?" E eles ficaram com medo e maravilhados, dizendo uns aos outros: "Quem será este? Pois Ele comanda até os ventos e as águas, e eles O obedecem! " (Lucas 8: 24-25).

Se a natureza está desequilibrada, a culpa é nossa.
Por que eu digo isso?

A pista está na história acima. Jesus os repreendeu e perguntou-lhes em essência por que ELES não o haviam feito. Eles fizeram milagres. Onde estava sua fé?

Às vezes, clamar a Deus é uma verdade inferior do que nos movermos na Realidade do Reino. Estamos aqui para proteger a Terra e, ao mantê-la em nosso coração com amor, podemos moldá-la.

Acredito que isso também seja verdade para a maioria dos terremotos e furacões, secas, fortes tempestades de neve e semelhantes. A mídia os chama de "Atos de Deus", mas prefiro pensar neles como "Devido à falta de ação da Ecclesia". Afinal, somos o governo, os 'Escudos Terrestres'.

O gerenciamento do clima é uma parte importante da vida nesta era. Muitas vezes participamos da modelagem do clima, às vezes com resultados surpreendentes.

Uma vez, estávamos ministrando em Brisbane, Austrália, e o céu estava azul sem uma nuvem à vista. Eles nos disseram que não chovia há três meses. Eu fiquei maravilhado. Eu perguntei por que eles não mudaram isso. Eles pareceram surpresos com a ideia de fazer chover.

Oramos para que chovesse de novo, mas não até que estivéssemos no avião para casa em três dias. Queríamos aproveitar o máximo de sol possível!

Três dias depois, a caminho do aeroporto, pudemos ver nuvens de tempestade enchendo o céu. Estava lindo. Sentamos no avião e quando olhei pela janela a chuva começou a cair no vidro. Assim como oramos! Nós rimos! Tudo foi perfeito!

Outras vezes, o Senhor nos pediu para mudar os padrões climáticos do Reino Unido em momentos estratégicos. Uma vez durante todo o inverno, evitamos as tempestades de neve. Foi fantástico. O escritório da meteorologia previu um inverno terrível. Os jornais do Reino Unido não conseguiam entender o que estava acontecendo. Em vez de neve, tínhamos sol! Na verdade, os mais vendidos em janeiro foram saladas e churrascos.[2] Foi hilário!

No entanto, Jesus não controlou apenas as tempestades. Ele se moveu com domínio sobre a vida selvagem.

Mas Simão respondeu e disse-lhe: "Mestre, trabalhamos a noite toda e não pegamos nada; no entanto, com a tua palavra, lançarei a rede." E quando eles fizeram isso, eles pegaram um grande número de peixes, e sua rede estava se quebrando. Então, eles sinalizaram para seus companheiros no outro barco para virem ajudá-los. E eles vieram e encheram os dois barcos, de modo que começaram a afundar (Lucas 5: 5-7).

Você consegue se imaginar pescando assim? Por que não? Pois Jesus é o nosso modelo.

E novamente (uma história bastante bizarra e maravilhosa):

Vá para o mar, lance um anzol e pegue o peixe que surgir primeiro. E quando você abrir sua boca, você encontrará uma moeda (Mt 17:27).

Jesus poderia ter criado a moeda em suas mãos. Por que fazer assim? Talvez fosse para demonstrar a parceria que temos com a criação? Seja qual for o caso, eu adoro!

Os milagres da natureza não pararam com Jesus. Os santos amaram a natureza e a natureza também os amou. Talvez você já tenha visto pinturas de santos cercados por animais?

Os monges franciscanos estavam particularmente engajados com a natureza. Eles amavam a natureza e Deus usou esse amor muitas vezes para transformar comunidades inteiras. Na história a seguir, Santo Antônio estava pregando e uma cidade chamada Rimini. Eles eram um grupo de pessoas teimoso e difícil. Depois de muitos dias de pregação dura, eles ainda não ouviam.

Por isso, um dia, por inspiração divina, Santo Antônio foi até a margem do rio. Estando na margem entre o mar e o rio, começou a falar aos peixes, como se fosse um pregador enviado a eles: "Ouvi a palavra de Deus, peixes do mar e do rio, já que os hereges infiéis recusam-se a ouvir." **Quando ele disse isso, veio até ele na margem do rio uma multidão de peixes tão vasta ... Todos eles colocaram a cabeça fora d'água e olharam atentamente para o rosto de Santo Antônio, ali permanecendo em grande paz e gentileza de ordem ... Quanto mais Santo Antônio pregava, mais aumentava a multidão de peixes ... O povo da cidade começou a correr ali para ver o milagre tão maravilhoso e claro, ficaram de coração quebrantado, e todos se lançaram aos pés de Santo Antônio para ouvir suas palavras.**[3]

Provavelmente um dos grupos de santos que mais entenderam essa relação simbiótica com a natureza foram os santos celtas da Irlanda e da Grã-Bretanha. Eles se viam intrinsecamente ligados à natureza. Eles até chamaram o Espírito Santo de Ganso Selvagem!

Nesta história, São Cuthbert estava em um lugar muito remoto, viajando para alcançar pessoas isoladas com o Evangelho. Chamamos isso de 'errância selvagem'. Seguindo o caminho desconhecido. O jovem discípulo de Cuthbert estava miserável devido à fome:

Cuthbert disse-lhe para se animar e ter fé: "O Senhor providenciará para nós hoje. Como ele sempre faz." Ele então apontou para uma águia voando alto. "Veja o pássaro voando alto acima de nós. É possível que Deus nos refresque pelo ministério da águia." **O jovem**

não tinha certeza do que Cuthbert estava sugerindo. Mas, à medida que avançavam ao longo do rio, viram a águia pousada na margem com um peixe em suas garras. Cuthbert disse: "Corra e veja que comida a águia nos trouxe do Senhor." O jovem fez isso, trazendo de volta um grande peixe que a águia havia tirado do rio. Mas Cuthbert disse: "O que você fez meu filho? Por que você não deu a nossa serva sua parte? Corte-o rapidamente ao meio e leve a ela a parte que ela merece por ministrar a nós. "[4]

Os celtas respeitaram a criação e compreenderam nossa conexão sagrada.

Milagres da natureza continuaram ao longo da história. Eu poderia encher um livro de histórias surpreendentes. Aqui está um mais recente, do livro do autor Mark Sandford; Curando a Terra. Mark estava em uma viagem missionária a Taiwan com sua equipe. Eles tinham grandes problemas com picadas de insetos. Mark precisava de ajuda urgente:

Os funcionários reclamaram que os mosquitos não os deixavam dormir. Então pensei comigo mesmo: "Certamente a intenção original de Deus para essas criaturas não era que elas nos atormentassem! E se Jesus ordenou que o vento e as ondas parassem, em Seu nome eu deveria pelo menos ser capaz de ordenar aos mosquitos que não picassem ". Não querendo agir presunçosamente, pedi permissão a Deus antes de ordenar em nome de Jesus que se afastassem. Na manhã seguinte, acordei imaculado de um sono sem sonhos, enquanto um colega de trabalho cheio de olheiras, na sala ao lado coçava as manchas vermelhas da cabeça aos pés.[5]

Talvez Mark devesse ter orado por toda a equipe! Ah! Ainda temos muito que aprender. Mas estamos crescendo e acho que ficaremos surpresos com o quão longe isso realmente irá. Precisamos sonhar grande! Curiosamente, o livro hebraico dos Jubileus[6] ensina que os animais eram capazes de falar com a humanidade e uns com os outros no início. Eles falaram com uma só voz. Tragicamente, o Livro dos Jubileus registra que essa habilidade foi perdida na queda. Quando Adão caiu, eles caíram.

Ainda assim, em nossa natureza "KAINOS", acredito que podemos novamente fazer a conexão da linguagem com os animais. Nossos sentidos podem ser despertados:

Mas agora pergunte aos animais, e eles o ensinarão;

E os pássaros do ar, e eles vão te dizer;

Ou fala com a terra, e ela te ensinará;

E os peixes do mar vão te explicar. (Jó 12: 7-8)

Um dia, tenho certeza, os animais também serão restaurados de volta ao seu design original e ao relacionamento correto conosco. Eles são grande parte da Terra transformada emergente. As crianças brincam com cobras e os leões comem palha (ver Is 11: 7-9 e 65:25). Surpreendente!

Temos que recuperar TODO o Evangelho. Jesus veio para salvar o que estava perdido, que inclui a Terra, as plantas e os animais.

Deus estava em Cristo. Ele estava trabalhando por meio de Cristo para trazer o MUNDO INTEIRO de volta para Si mesmo (Cor 5:19, NLV). Deus colocou o mundo em quadratura com ele mesmo através do Messias, dando ao MUNDO um novo começo ... (2 Cor 5:19, MSG).

São Máximo compreendeu que estamos ligados ao futuro do Universo:

O homem não é um ser isolado do resto da criação; por sua própria natureza ele está ligado a todo o universo ... em seu caminho para a união com Deus, o homem de forma alguma deixa as criaturas de lado, mas reúne em Seu amor todo o cosmos desordenado pelo pecado, para que seja transfigurado pelo graça.[7]

Isso é bonito! Transfigurado pela graça! Eu amo essa frase. Pura doçura!

Ao despertarmos, a Terra florescerá e responderá visivelmente. Ele vai ganhar vida!

"Pois vocês sairão com alegria e serão conduzidos em paz; as montanhas e as colinas estalam em cantar diante de ti, e todas as árvores do campo baterão palmas "(Is 55:12).

Ao mantermos a criação em nossos corações, descobriremos que ela está viva e pronta para responder!

O desafio é mudar nossa relação com a natureza. Esta é uma palavra do AGORA. Isso fará a diferença entre ordem e caos, chuvas ou secas, tempestades ou calmaria.

Nós somos os 'Guardiões da Terra'!

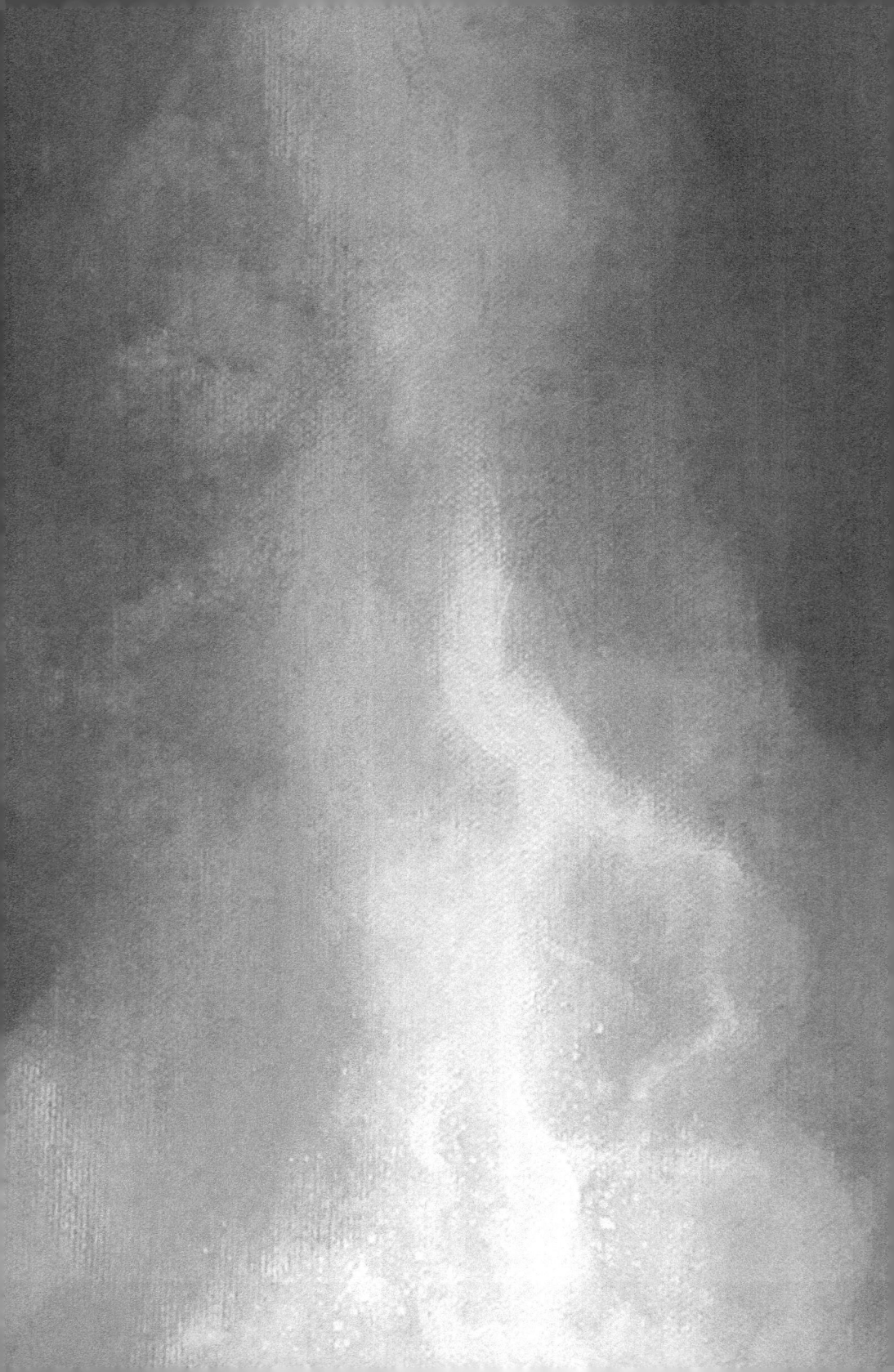

OS CONFLITOS CELESTIAIS

Então houve guerra no céu: Miguel e seus anjos lutaram contra o dragão. O dragão e seus anjos lutaram (Ap 12: 7, CEB).

Estamos chegando ao fim deste livro. Espero que você tenha gostado até agora. Nos próximos dois capítulos, quero ajudar a prepará-lo para a luta que está por vir. Em nossa alegria, também precisamos ser fortes no poder de Seu poder. Sim, há uma batalha, mas Jesus disse:

Estas coisas vos tenho falado, para que em Mim tenham paz. No mundo você terá tribulação; mas tende bom ânimo, eu venci o mundo (João 16:33).

A verdade é que nascemos de novo em um conflito celestial, uma batalha que dura desde antes de Adão ser criado. Uma batalha que devastou o cosmos e reduziu o sistema solar a uma sombra do que já existiu.

Fora dessa confusão caótica, Deus escolheu um lugar minúsculo e insignificante para começar o processo de recriação. Um lugar que se tornou fundamental para o futuro de todas as coisas criadas: a Terra.

Adão foi plantado em uma zona de guerra!

Nós sabemos o que aconteceu a seguir. A humanidade caiu e o caos voltou a prevalecer. Plantas e animais tornaram-se selvagens. A ordem natural da paz foi subjugada pela sobrevivência e competição. Satanás mais uma vez se sentou no topo de sua pequena montanha. Muito confiante e orgulhoso.

Outros seres celestiais inspirados pelo orgulho satânico aderiram à rebelião da Terra. Eles foram chamados de Vigilantes. Algumas pessoas os chamam de anjos ou deuses. Não está claro de onde eles vieram. O que sabemos é que eles deixaram sua dimensão alocada e vieram para a Terra, em oposição direta à vontade de Deus. Eles ensinaram tecnologia e artes ocultistas. Sua história é contada no Livro Etíope de Enoque.

Olhe e veja o que Azazel (o Vigilante) fez à terra - ele ensinou a injustiça e revelou segredos eternos que antes eram reservados aos céus ... Na verdade, todos eles foram e 'dormiram' com mulheres humanas e contaminaram se sexualmente e ensinaram às pessoas todos os tipos de pecados. Cada mulher deu à luz um gigante enorme em estatura. Agora eles erraram e mataram muitos, derramando sangue no chão e há muita injustiça.[1]

Isso se acumulou na época de Noé com uma bagunça infernal. A Terra foi arrebatada por forças demoníacas, seres mistos de DNA, poderosos e gigantes canibais. Em toda parte a humanidade se voltou para a total ilegalidade, o mal oculto e perpétuo.

Quando o Senhor viu quão grande era a maldade dos seres humanos na terra, e como todo desejo que seus corações concebiam era sempre mal, o Senhor se arrependeu de ter criado os seres humanos na terra, e seu coração se entristeceu (Gn 6: 5).

Neste ponto, a Terra foi inundada. Alguns acreditam que talvez houvesse seis bilhões de pessoas na Terra na época com uma mistura de DNA e tecnologia sofisticada. Os únicos sobreviventes foram Noé e sua família. Eles escaparam pela intervenção divina.

É impressionante pensar que Jesus disse que seu retorno seria marcado por uma geração como aquela nos dias de Noé. Impressionante quando você lê Enoque e entende a época em que eles estavam vivendo. Tempos de grande conflito entre a luz e as trevas.

O público hebraico de Jesus estava bem familiarizado com o Livro de Enoque e as histórias antigas. Eles sabiam das implicações. Eles sabiam que isso significava que dias loucos estavam chegando!

À medida que crescemos em sabedoria e gastamos tempo na glória, o Céu começa a nos orientar e a nos ensinar sobre esse conflito oculto. O véu é retirado e começamos a ver que há mais neste mundo do que os olhos podem ver.

Em 2003, meus olhos foram abertos inesperadamente. Tudo começou com uma série de sonhos.

Foi-me mostrado uma série de eventos futuros em detalhes. Eu vi a depressão econômica da última década causada pelos bancos. Eu vi a legalização da maconha e de narcóticos prejudiciais por governos mundiais. Drogas sendo vendidas em pontos de venda legais. Eu vi o casamento sendo distorcido. Em um sonho, vi um grupo de pessoas se casando no altar, dois homens e três mulheres. Fiquei chocado. Eu vi o Islã radical invadindo a cultura ocidental. Também me foi mostrado como a pornografia se infiltraria na mídia convencional e até teria como objetivo cativar as crianças. Eu vi muitas outras coisas. Eu não conseguia mais continuar como se tudo estivesse bem. Não estava!

Essas experiências me fazem soar o alarme. Eu odeio a apatia e complacência de nossa cultura de TV lixo. Estamos no controle do cruzeiro. Eu acredito que há algo mais para nossas vidas. Eu sinto isso e não posso viver sem isso. Há mais!

O respeitado profeta Paul Keith Davis também teve muitas visões e sonhos profundos sobre esta era crítica. Sentado na cama uma noite, ele caiu em uma espécie de transe visionário:

Nessa experiência, vi o inferno. Eu estava olhando para o inferno. Eu pude ver alguma força invisível ... remover o que parecia ser a cobertura de um buraco de homem. Eu vi este grande portão redondo de ferro para as entranhas do inferno. Eu chamei isso de entranhas do inferno na experiência. Eu disse algo como 'Alguém pare com isso!' Eu estava gritando para alguém colocar a tampa de volta.

Eu vi espíritos malignos saindo de lá, apenas saindo ... Eu realmente reconheci a aparência de alguns. Eu vi o que parecia ser a aparência de Adolf Hitler e Joseph Stalin e outros tiranos, pessoas que eram ungidas por demônios. Eu os vi saindo do inferno.

De alguma forma, pude ver esses espíritos se manifestando de uma forma muito real e visível para as pessoas em seus quartos ... seja em sonhos ou em experiências, eu vi esse mal de um calibre diferente de tudo o que já vimos antes. Eles começaram a se manifestar nos quartos dessas pessoas. Eu os vi treinando essas pessoas como andar em reinos de escuridão maiores do que jamais vimos.

Veja as notícias e sugiro que isso já começou. Quem teria pensado que grupos como o ISIS na Síria e no Iraque fariam atos tão sombrios e desumanos e os transmitiriam para todo o mundo? Os vídeos e histórias são inacreditáveis. Chocante! Paul Keith continua:

Quando era quase insuportável, eu disse: "Não posso mais assistir isso!" Eu ouvi uma voz vindo do céu e dizer: "Os filhos da Luz devem responder da mesma maneira." Eu vi esses anjos saindo do céu ... Esses são anjos que foram reservados para o confronto dos tempos do fim. Eles estiveram na presença do Deus Todo-Poderoso ... Eu vi esses anjos saindo do Céu e se manifestando nos quartos das pessoas ... Eu os vi treinando indivíduos como andar em reinos de glória, como acessar o reino do Espírito, como ser como João quando ele disse "Eu estava no Espírito no Dia do Senhor." João sabia de muita coisa! O segredo de como entrar no Espírito.[2]

Você não quer isso?

Recentemente, tive um sonho-visão significativo sobre esta batalha. Era como se eu estivesse em um filme 3D! Forças demoníacas estavam lutando contra nós no topo de uma montanha. Eles pareciam o feio exército orc em O Senhor dos Anéis. Eles lutaram tanto que era irreal. Estávamos no meio da luta. Batendo violentamente. Era intenso!

Então a vista se elevou mais alto como uma águia. Eu vi porque era tão louco. Eu vi que os orcs estavam no topo da montanha e totalmente cercados. Foi sua última resistência. Eles estavam em puro terror e pânico. Eles não tinham para onde fugir. Sem lugar para esconder-se. Eles estavam lutando por sua própria existência.

Então eu ouvi uma voz audível gritar através do campo de batalha "É hora de SURGIR!" Eu vi na visão que se as forças da Luz se unissem, tudo acabaria rapidamente. Se convergíssemos e nos movêssemos como um, a batalha estaria terminada! Mais tarde descobri que a palavra 'onda' significa: "um movimento forte, ondulatório". É isso que tem que acontecer.

Nosso amigo Ian Clayton prospera na luta. Ele não tem medo do demoníaco e os combateu em conflitos e venceu muitas vezes. Ele alegremente chama de "Fragmentação!" Em nossa conferência no Reino Unido, Ian disse o seguinte:

Nosso grande problema é que o que temos predominantemente (na vida da Igreja) ensinado as pessoas sobre a salvação. Ensinando-os e capacitando-os a viver uma vida na Terra. Predominantemente é isso que acontece na vida da igreja.

Meu maior problema é que a única maneira de você (verdadeiramente) viver a vida na Terra é entendendo a vida nos céus. Porque tudo o que acontece nos céus tem total domínio e influência sobre tudo o que acontece na face da Terra.

Tudo o que acontece no reino do espírito muda o que acontece na face da Terra.

Quaisquer que sejam as influências lá em cima, ditam o que acontece na face da Terra.

Até que aprendamos que devemos governar nesses lugares e assumir nossas posições, vamos continuar a ter uma natureza decaída residindo na face da Terra.[3]

O novo mundo não está chegando sem resistência. Essa batalha é ganha ou perdida em múltiplas dimensões de existência vistas e invisíveis. É hora de aprender os caminhos do céu. Para tratar dos negócios de nosso Pai, que é justiça, paz e alegria!

(Jesus disse) Eu vi Satanás cair, um raio que caiu do céu. Veja o que eu dei a você? Passagem segura enquanto você anda sobre cobras e escorpiões, e proteção contra todos os ataques do Inimigo. Ninguém pode colocar a mão em você (Lucas 10:19, MSG).

A glória do Evangelho é que Deus agora vive em nós e através de nós na vitória. Agora participamos da alegria da justiça. A alegria de destruir as obras das trevas. As forças do mal estão agora muito abaixo de nós em Cristo. Eles são limitados em poder. Simplificando, a Luz vence!

Jesus é o exemplo. Ele esmagou e humilhou o inimigo.

Ele despojou todos os tiranos espirituais do universo de sua falsa autoridade na cruz e os levou nus pelas ruas (Colossenses 2:15, MSG).

Devemos seguir seu exemplo. Você não se cansou de ser empurrado? Como Bill Johnson diz:

Satanás é limitado em todos os sentidos. Deus deu a ele seus dons e habilidades em sua própria criação. Nunca houve uma batalha entre Deus e Satanás. Todo o reino das trevas poderia ser eliminado para sempre com uma palavra. Mas Deus escolheu derrotá-lo por meio daqueles feitos à Sua própria semelhança - aqueles que adorariam a Deus por escolha.[4]

Somos nós que temos autoridade para moldar o futuro. Se o mundo está uma bagunça é porque ainda não estamos recebendo o Evangelho. Não entendemos totalmente que:

A missão principal de Jesus é resumida nesta linha: "Para isso se manifestou o Filho de Deus: para destruir as obras do diabo" (1 João 3: 8). Essa foi a tarefa de Jesus; era tarefa dos

discípulos e é sua também. O propósito de Deus ao salvá-lo não era simplesmente resgatá-lo e mantê-lo ocupado até que Ele o despachasse para o céu. Seu propósito era muito maior; Ele o encarregou de demonstrar a vontade de Deus, "assim na terra como no céu", ajudando a transformar este planeta em um lugar radiante e saturado de Seu poder e presença. Esta é a própria espinha dorsal da Grande Comissão e deve definir a sua vida e a minha.[5]

Como diz o escritor profético de canções do Reino Unido, Godfrey Birtill:

Basta - basta - basta - basta !![6]

É hora de se vingar! Você pode sentir isso no Espírito?

Nossa geração foi preparada para o combate. Preparado para a vitória.

Seu povo se oferecerá voluntariamente [para participar de Sua batalha] no dia de Seu poder (Salmos 110: 3, AMP).

Há uma grande batalha chegando. Não tenha medo. Deus mora em você!

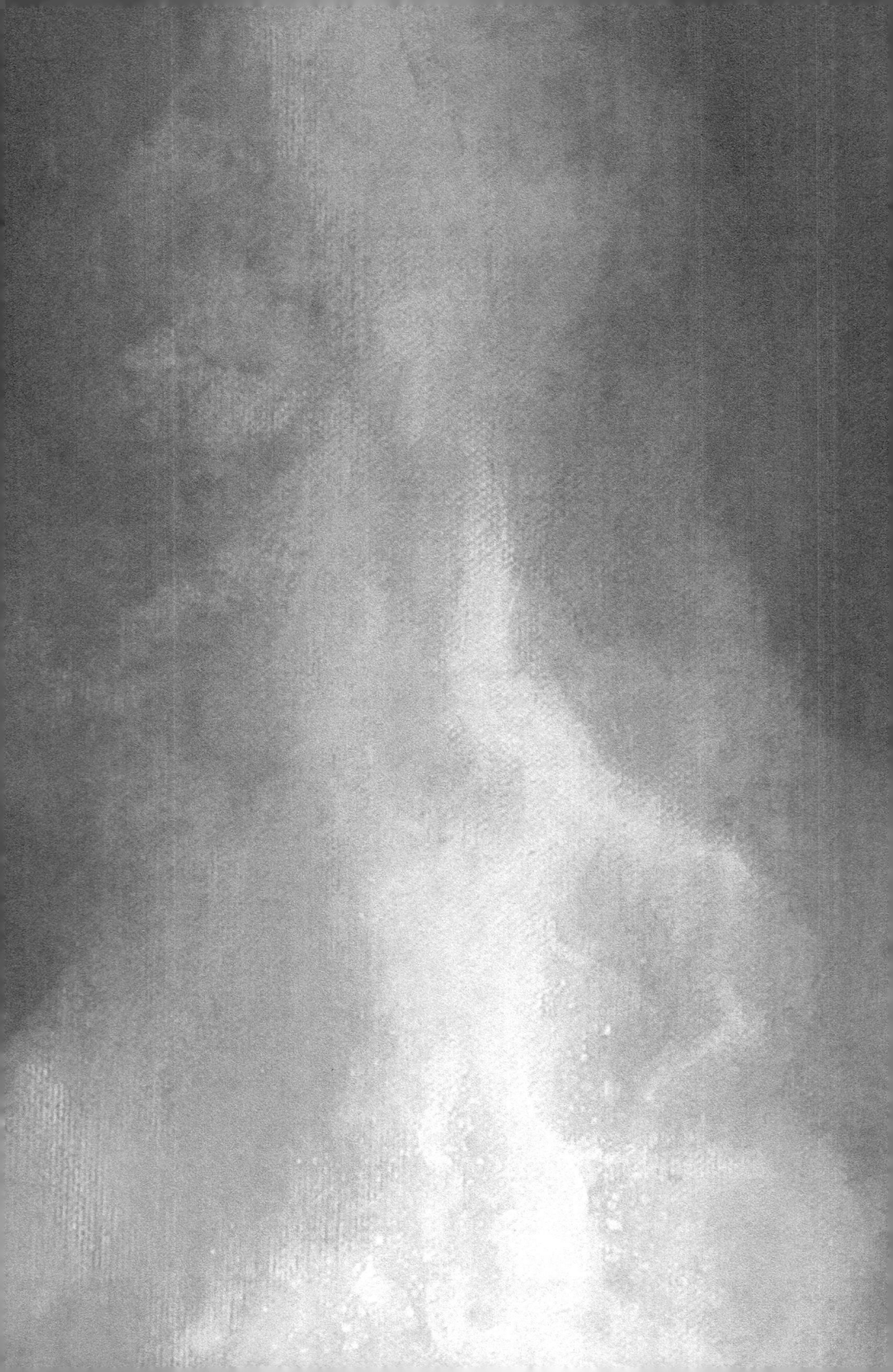

Pois não estamos lutando contra os seres humanos, mas contra os governantes, autoridades e poderes cósmicos (Ef 6:12).

No capítulo anterior, percebemos que o mundo "KAINOS" não vem sem luta e esta geração está pronta para isso! Temos Justiça queimando em nosso sangue e fé explodindo em nossos corações. A Cruz nos condenou à vitória! É inevitável!

Como a luz do amanhecer movendo-se sobre as montanhas, um enorme exército está chegando. Nunca houve nada igual e nunca mais existirá ... Destemido e destemido, inabalável, imparável (Joel 2, MSG).

Está pronto? Eu quero ajudar você. Vejamos algumas situações espirituais de combate real. Preencha alguns dos espaços em branco. Lembre-se de que nossa batalha não é uma guerra humana nem limitada a este mundo físico.

Não estamos travando uma guerra contra inimigos de carne e osso apenas. Não, esta luta é contra tiranos, contra autoridades, contra poderes sobrenaturais e príncipes demoníacos que rastejam nas trevas deste mundo, e contra exércitos espirituais perversos que espreitam nos lugares celestiais. (Ef 6:12, VOI).

Para falar sobre isso, vamos ter que ficar um pouco estranhos.

Sejamos honestos. Se você vive no Espírito, verá coisas muito, muito estranhas. Algumas pessoas afirmam que tudo é mítico, é tudo inventado. Eles estão seriamente errados! É real.

Outra coisa apareceu no céu. Era um enorme dragão vermelho com sete cabeças e dez chifres, e uma coroa em cada uma de suas sete cabeças (Ap 12: 3, CEV).

Ler o livro do Apocalipse é como embarcar em um passeio de fantasia selvagem. É louco!

Eu ouvi a voz do quarto ser vivente dizendo: "Venha e veja." Então eu olhei, e eis um cavalo amarelo. E o nome do que estava assentado sobre ela era Morte, e o Hades o seguia (Ap 6: 7).

Se você se apavora facilmente, talvez este capítulo ainda não seja adequado para você. Leia quando estiver pronto.

Eu só vou ser honesto. Nunca fui procurar por nada disso. Eu busco a Deus. Passei anos absorvendo a presença. Gradualmente, vi mais sobre como o mundo funciona.

Tivemos que aprender lentamente a lidar com o lixo. Entidades estranhas como dragões, criaturas transdimensionais, espíritos da água, possessão demoníaca, tempestades, orbes escuras, coisas que parecem ogros altos e magros, até bruxas humanas. A batalha chegou até nós!

No físico, estamos cercados por uma multidão furiosa. Vi pessoas religiosas queimando de raiva. Quase fui preso nas ruas. Alguém tentou me matar em um encontro de jovens na França. Tudo agitado por poderes demoníacos. Isso é real!

A Terra tem muito lixo. É assim que está agora. Até a restauração de todas as coisas, temos uma batalha a lutar e um mundo a transformar. Se você quiser ocupar as montanhas, terá de expulsar quaisquer falsos deuses que possam estar lá. Esse é o jeito.

Essas forças das trevas resistiram ao Céu por eras. Eles são superconfiantes e orgulhosos. Convencidos de que vão se manter no terreno. Eu visitei uma 'Cabala' no Espírito. Eles são os seres mais arrogantes e autoconfiantes que você pode imaginar. Eu não posso te dizer o quão orgulhosos eles são. Bem vestida, egoísta e pomposa. Alimentando-se do pó da humanidade.

Vai ser glorioso ver o fim da era deles! Você pode imaginar isso?!

Para entender como vencer a guerra, devemos olhar para Jesus novamente. Jesus foi conduzido pelo Espírito ao combate. Na verdade, é o próprio Deus quem nos prepara para a vitória.

Agora Jesus, cheio do Espírito Santo, deixou o Jordão e foi conduzido pelo Espírito ao deserto. Por quarenta dias e noites no deserto, ele foi testado pelo Diabo (Lucas 4: 1, MSG).

Este é o lugar de maior segurança e alegria. Vivendo no Espírito. A maturidade está sendo conduzida.

Pois todos os que são guiados pelo Espírito de Deus são os filhos (maduros) de Deus (Rm 8:14).

Então o que aconteceu a seguir? O escritor profético Rick Joyner tem uma ideia. Rick viu em uma série de experiências o que aconteceu. Ele registra isso em Quando Deus andou na Terra.[1]

Jesus caminhou para o deserto sob uma nuvem de escuridão como nunca havia sido testemunhada na terra antes. Demônios de todos os tipos estavam fervilhando no meio do céu ao redor e acima do deserto.

Rick viu hordas demoníacas girando em torno da região trazendo peso e depressão à área. Agitando discórdia e tempestades. Eventualmente, Satanás apareceu. Ele tinha um objetivo, seduzir Jesus para se afastar da vontade do Pai.

Lúcifer estava em sua roupa mais gloriosa - mais impressionante do que qualquer rei terreno jamais poderia ter imaginado. Seu rosto era tão gentil e atraente que qualquer criança teria facilmente

procurado por ele. Jesus o reconheceu imediatamente e se levantou para encará-lo.

Jesus não foi movido pela aparência ou sedução. Ele permaneceu humildemente obediente ao pai. Ancorado em seu amor. Disposto a sofrer pelo bem da humanidade. Ele viu algo em nós pelo qual vale a pena dar a vida. Ele viu o que nos tornaríamos. Sua Noiva.

Eu amo o que Rick viu a seguir. É lindo. Muito feliz com a vitória, Miguel e os anjos alinharam-se no deserto para confortá-lo e honrá-lo. Os céus se abriram.

Por mil milhas em todas as direções, o céu brilhou com as espadas das hostes angelicais que foram puxadas para saudá-lo. No céu, a glória da celebração foi maior do que nunca. Cada anjo, cada querubim, cada ser criado no Céu, cantou, dançou e se alegrou com tudo o que estava dentro deles. A verdade foi vitoriosa!

Quando Jesus começou a caminhar pela estrada poeirenta do deserto, Ele agora podia sentir o deleite do pai. Todos os anjos que se alinhavam na estrada, com suas espadas desembainhadas em saudação enquanto se curvavam sobre um joelho, também podiam sentir o deleite do Pai. Essa era a comida dos anjos. Horas antes tinha sido o mais escuro dos tempos, e agora estava mais claro. Como tudo mudou rapidamente!
Eu amo isso. Leve encorajamento amigo, se você também estiver em um momento de provação. Aguente firme. A tempestade vai cair. Deus é fiel e vai cuidar de você, com muita alegria e honra!

O choro pode durar uma noite, mas a alegria vem pela manhã (Salmos 30: 5).

Seguindo a Cristo, a igreja primitiva conquistou grandes territórios. Os 120 eram imparáveis. Quanto mais a escuridão resistiu, maior a expansão. Até o martírio semeou o fogo e se espalhou por todo o mundo romano em uma geração.

Rejeitando a corrupção de Roma, surgiram pequenas comunidades corajosas. Eles eram os "Pais do Deserto". Talvez você já tenha ouvido falar deles? No deserto, eles encontraram o Éden.

Um dos primeiros foi Santo Antônio do Egito[2]. Ele se entregou à oração profunda e ao jejum. Em sua humilde casa, sozinho, Antônio lutou por extremas batalhas demoníacas.

Houve um barulho repentino que fez o lugar tremer violentamente: buracos apareceram nas paredes e uma horda de diferentes tipos de demônios saiu. Eles assumiram a forma de animais selvagens e cobras e instantaneamente encheram todo o lugar com espectros na forma de leões, touros, lobos, víboras, serpentes, escorpiões e até leopardos e ursos também. Todos faziam ruídos de acordo com sua natureza individual ... O rosto de cada um tinha uma expressão selvagem e o som de suas vozes ferozes era assustador.

Antônio, espancado e espancado ... permaneceu sem medo, sua mente alerta ... embora as feridas de sua carne o fizessem gemer, ele manteve a mesma atitude e falou como se zombasse de seus inimigos "Se você tem alguma influência, se o Senhor te concedeu poder sobre mim, olha, aqui estou: devora-me. Mas se você não pode, por que despende tanto esforço inútil? Pois o sinal da cruz e a fé no Senhor são para nós um muro que nenhum ataque seu pode derrubar. "

Apesar do grande show, o inimigo é limitado. A cruz já venceu todas as batalhas. O querido santo, movido pelo Amor, continuou a orar os Salmos. Olhando para Jesus.

Antônio ergueu os olhos, viu o telhado se abrindo acima dele e, quando a escuridão foi dissipada, um raio de luz caiu sobre ele. Assim que essa luz brilhante apareceu, todos os demônios desapareceram e a dor no corpo de Antônio cessou repentinamente. Além disso, o edifício que havia sido destruído um momento antes foi restaurado. Antônio compreendeu imediatamente que o Senhor estava presente. Suspirando profundamente do fundo do coração, ele se dirigiu à luz que lhe apareceu, dizendo: 'Onde você estava, bom Jesus? Onde você

estava? Por que você não estava aqui desde o início para curar minhas feridas? ' E uma voz veio até ele dizendo, 'Antônio, eu estava aqui, mas estava esperando para assistir sua luta. Mas agora, como você se defendeu bravamente nesta luta, sempre o ajudarei e o tornarei famoso em todo o mundo ... Antônio tinha trinta e cinco anos na época.

Jesus foi fiel à sua palavra. A pequena vida de Antônio teve grandes ondulações. Inspirou inúmeras pessoas a formar comunidades monásticas de oração. Os santos celtas, os franciscanos e muitos outros foram inspirados por seu exemplo. Até Roma buscou seu conselho.

Na verdade, Satanás foi tão esmagado por Antônio que foi até sua casa, bateu na porta e implorou que parasse. É incrível! Satanás (na forma de monge) disse:

Eu devo ter pena. Eu te pergunto, você não leu, as espadas do inimigo estão quebradas para sempre e você destruíu suas cidades. Olha, eu não tenho lugar para estar agora; Eu não possuo nenhuma cidade; Eu não tenho armas agora. Em todas as nações e províncias o nome de Jesus ressoa e até mesmo o deserto está lotado de monges.

Não admira que Deus ria dele (Salmos 2: 4). Você pode ver o quão humilhado ele é por Jesus? Vou deixar Antônio contar o que aconteceu a seguir.

Então fiquei maravilhado e alegre com a graça de Deus e me dirigi ao demônio com estas palavras: "Pois embora você seja um mestre do engano, você foi forçado a admitir isso sem mentir. Verdadeiramente, Jesus destruiu totalmente seus poderes, despojou você de suas honras como um anjo, você jaz rolando na lama. " Mal tinha acabado de falar, esta figura alta desmaiou com a menção do nome do Salvador.

Por que escolhi essa história? Porque você pode estar passando por uma luta agora. A guerra não é um sinal de que você está fora do caminho. Parece vir com mais força no caminho do destino. Segure firme e busque Jesus. Você foi chamado para a grandeza.

Talvez seja demais para você aguentar? Não se preocupe! Descobri que Jesus faz você crescer na luta gradualmente, à medida que sua confiança e fé nele crescem. Ele é o Bom Pastor que cuida de suas ovelhas.

Você estendeu uma mesa diante de mim, provisões no meio do ataque de meus inimigos; Você cuida de todas as minhas necessidades, ungindo minha cabeça com óleo suavizante e perfumado, enchendo meu cálice repetidamente com Sua graça (Salmos 23: 5, VOI).

O descanso é a maior arma que temos. Quando repousamos Nele, Ele repousa em nós e somos completos. Esta é a vitória final, sentar-se com Ele em Seu trono.

Ao que vencer, concederei que se assente Comigo no Meu trono, assim como Eu também venci e me sentei com Meu Pai no Seu trono (Ap 3:21).

Espero que parte deste capítulo tenha sido útil. Há muito mais a dizer, mas tenho certeza de que Jesus lhe ensinará tudo o que você precisa saber a partir daqui. Você está em boas mãos!

Terminaremos aqui com esta citação brilhante de "Senhor dos Anéis". Uma história onde gente pequena chamada hobbits, com seus heróicos amigos desorganizados, supera a maior escuridão de todas.

É como nas grandes histórias, Sr. Frodo. Aqueles que realmente importaram. Cheios de escuridão e perigo eles eram. E às vezes você não queria saber o fim. Porque como o final poderia ser feliz? Como o mundo poderia voltar a ser como era quando tantas coisas ruins haviam acontecido? Mas no final, é apenas uma coisa passageira, essa sombra. Até a escuridão deve passar. Um novo dia virá. E quando o sol brilhar, ele brilhará ainda mais.[3]

Eu amo finais felizes!

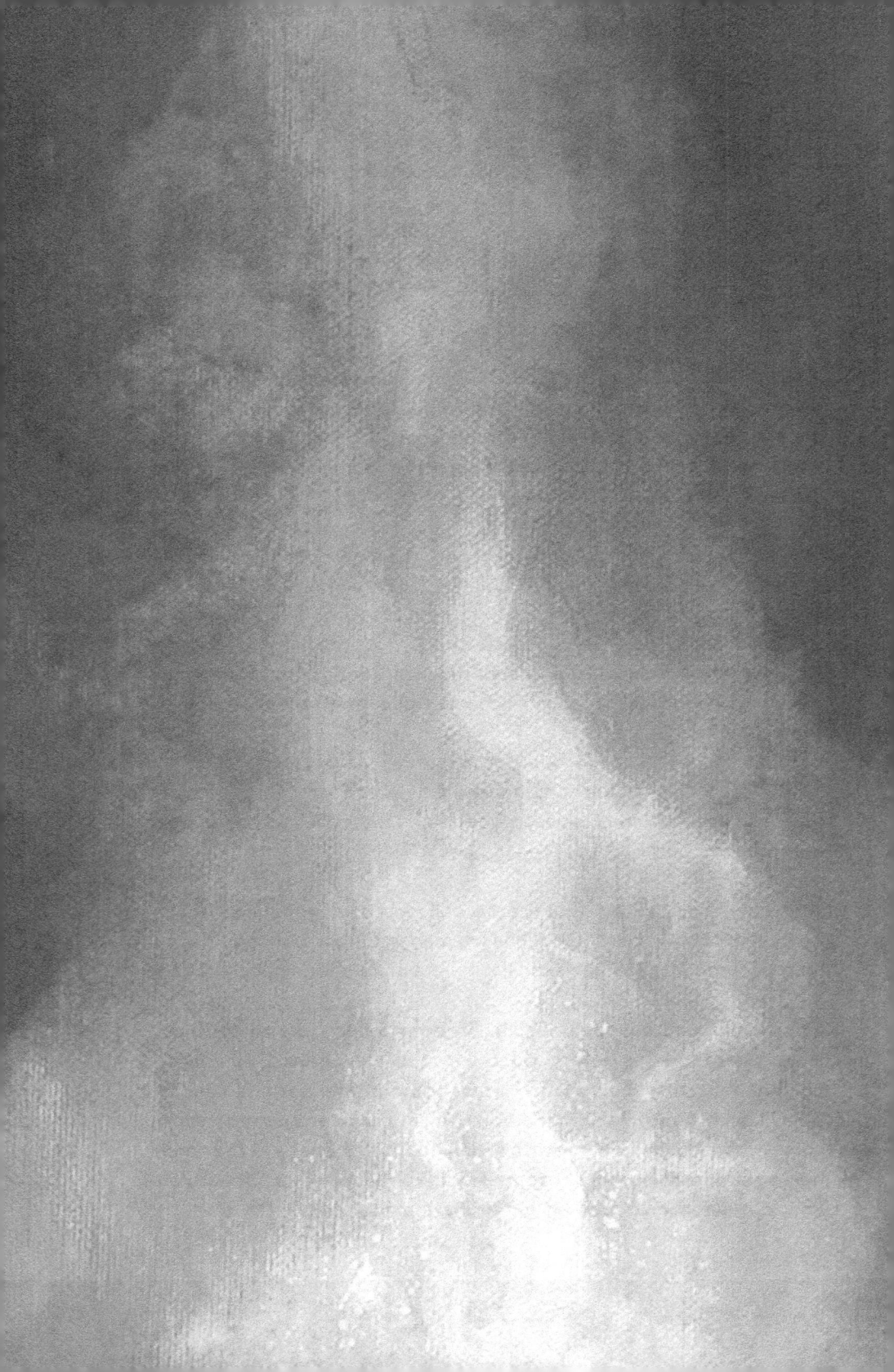

EPÍLOGO: ALÉM DA TERRA – AS IMPLICAÇÕES CÓSMICAS

Eu não poderia terminar este livro sem provocar você com um último mistério. Um mistério que venho contemplando há anos. Esta é uma ideia divertida, voltada para o futuro, para esticar você no final. Vamos falar sobre viver "Além da Terra: As implicações cósmicas do Evangelho"!

Eu amo a Terra. É o berço da humanidade. Por melhor que seja agora, sabemos que será transformado em algo muito mais maravilhoso. Será transformada de forma gloriosa novamente.

Agora eu vi um novo céu e uma nova terra, pois o primeiro céu e a primeira terra já haviam passado. Também não havia mais mar. Então eu, João, vi a cidade santa, Nova Jerusalém, descendo do céu da parte de Deus, preparada como uma noiva adornada para seu marido. E ouvi uma voz alta do céu, dizendo: "Eis que o tabernáculo de Deus está com os homens, e Ele habitará com eles e eles serão o Seu povo. O próprio Deus estará com eles e será o seu Deus." (Apocalipse 21: 1-3).

Nos levando para uma era de ouro. Veremos Deus. Tudo irá mudar.

Mais uma vez, aqui está outro mistério da era "KAINOS". Algo muito próximo do coração do Pai. É o papel da Ecclesia no governo de todo o cosmos. Somos co-herdeiros com Cristo, de tudo o que pertence ao pai.

O próprio Espírito testifica com o nosso espírito que somos filhos de Deus, e se filhos, então herdeiros - herdeiros de Deus e co-herdeiros de Cristo (Rm 8: 16-17).

TUDO o que Cristo reivindica como Sua vontade pertence a todos nós também (PHI).

Você é poderoso para pensar diferente, mas siga a lógica do glorioso Evangelho:

Pois [até mesmo toda] a criação (toda a natureza) espera ansiosamente e anseia sinceramente que os filhos de Deus se tornem conhecidos [espera pela revelação, a revelação de sua filiação] (Rm 8:19, AMPC).

E a esperança é que no final toda a vida criada seja resgatada da tirania da mudança e da decadência, e tenha sua parte naquela liberdade magnífica que só pode pertencer aos filhos de Deus (Rm 8: 18-21, CEB)!

Pense nisso, tudo, em todos os lugares, espera ser libertado da decadência pelos filhos da luz. Não perca as implicações profundas escondidas na Palavra. A Bíblia é incrível. Não se restringe aquilo com que nos sentimos confortáveis. Ela nos convida à beleza do mistério. Nos convida a lugares além de nossos sonhos.

Deus pode fazer qualquer coisa, você sabe - muito mais do que você jamais poderia imaginar, adivinhar ou pedir em seus sonhos mais loucos! (Ef 3:20, MSG).

Podemos falar sobre espaço por um momento? Nosso planeta está flutuando no espaço. Vemos as estrelas e a lua à noite. O espaço é uma parte vital de nossa vida.

Olhe para o espaço, há pelo menos 13,8 bilhões de anos-luz do cosmos apenas neste universo conhecido, cheio de galáxias, cada uma com bilhões de estrelas, planetas e luas. É lindo.

Os cientistas dizem que se você colocar um único buraco de alfinete no céu noturno, haverá aproximadamente 10.000 galáxias apenas naquela área. Você consegue imaginar isso? Um buraco de alfinete corresponde a 10.000 galáxias!

O que há nessas galáxias? A criação "KAINOS" tem um propósito além da Terra, entre as estrelas? Você já pensou sobre isso? Eu nunca tinha pensado. Ainda assim, na África do Sul em 2013, vi um livro revelador sendo desbloqueado em um sonho. Eu vi a verdade selada agora sendo revelada a muitos. O Espírito Santo está nos despertando para novas possibilidades gloriosas:

No entanto, para nós, Deus os revelou e revelou por e através de Seu Espírito, pois o Espírito [Santo] busca diligentemente, explorando e examinando tudo, até mesmo soando as coisas profundas e sem fundo de Deus [os conselhos divinos e coisas ocultas e além do escrutínio do homem] (1 Cor 2: 10-12, AMPC).

Costumávamos pensar que o espaço era quase todo escuro e vazio. A ciência está descobrindo que é mais belo e maravilhoso do que jamais imaginamos no passado. O espaço está cheio de estrelas gigantes, buracos negros, nebulosas giratórias, belas cores e matéria negra (a substância misteriosa que representa a maior parte do universo). Nós sabemos tão pouco.

Os cientistas costumavam pensar que a Terra era o único planeta adequado para a vida. Agora eles estão encontrando muitos planetas possíveis na zona habitável em torno das estrelas. O astrônomo sênior Seth Shostak do Instituto SETI (pesquisa por inteligência extraterrestre) diz:

O número de mundos habitáveis em nossa galáxia está certamente na casa das dezenas de bilhões, no mínimo, e nem sequer falamos sobre as luas. Você sabe, as luas também podem ser habitáveis. E o número de galáxias que podemos ver, além da nossa, é cerca de 100 bilhões. Portanto, 100 bilhões vezes 10 bilhões é um bilhão de bilhões [planetas habitáveis] no universo visível.[1]

Tudo isso está dentro de nossa bolha de espaço chamada universo.

Pode haver mais por aí.

O universo em que vivemos pode não ser o único lá fora. Na verdade, nosso universo poderia ser apenas um de um número infinito de universos que constituem um "multiverso".²

A Escritura ensina que Deus criou muitos lugares "celestiais".

No princípio, Deus criou os CÉUS e a terra (Gn 1: 1).

'Céus' na linguagem bíblica às vezes também pode significar 'Espaço'. Olhe novamente para estes versículos:

**Eu considero Seus céus, a obra de Seus dedos,
A lua e as estrelas, que você ordenou (Salmos 8: 3).**

Então, Ele o trouxe para fora e disse: "Olhe agora para o céu e conte as estrelas, se puder numerá-las." E Ele disse-lhe: "Assim serão os teus descendentes." (Gênesis 15: 5).

E preste atenção, para que não levante seus olhos para o céu, e quando você vê o sol, a lua e as estrelas, todas as hostes do céu, você se sente impelido a adorá-los e servi-los (Dt 4: 9).

Certamente existem outras dimensões ao nosso lado agora:

Há um reino invisível (2 Cor 4:18), terceiro céu (2 Cor 12: 2), o céu dos céus (2 Cr 6:18), muitas mansões na casa (João 14: 2), lugares na Terra e sob a Terra (Ap 5: 3), dentro do Sol (Ap 19: 7) e hades ou inferno (Lucas 16:23).

Os teóricos das cordas quânticas sugerem que existem dez dimensões. A maioria delas está além da capacidade atual de descoberta da ciência. Outros teóricos quânticos dizem que pode haver ainda mais. Uma vez ouvi Ian Clayton dizer que são 32! Eu não perguntei a ele sobre isso ainda.

Esta é a maravilha mais surpreendente: de alguma forma tudo isso, tudo está esperando que Jesus seja revelado nos filhos "KAINOS".

Está esperando nossa revelação com Cristo na glória.

Toda a criação está na ponta dos pés para ver a visão maravilhosa dos filhos de Deus se tornando realidade (CEB) ... mal posso esperar pelo que vem a seguir (MSG).

[O propósito é] que, por meio da igreja, a complicada e multifacetada sabedoria de Deus em toda a sua infinita variedade e inúmeros aspectos possa agora ser tornada conhecida pelos governantes e autoridades angelicais (principados e potestades) na esfera celestial (Ef 3: 10, AMP).

Está escrito em nosso DNA espiritual para ir mais longe, assim como Enoque, o amigo de Deus.

Enoque viu "todos os segredos dos céus" e foi o primeiro a escrever sobre o Sistema Solar. Isso está registrado no Livro Etíope de Enoque[3] que Judas também citou no Novo Testamento. Enoque era o sétimo desde Adão, o que simboliza o fim desta era.

Quero sugerir que a Terra é apenas o começo da recriação. É o berço da humanidade, o início de uma jornada cheia de maravilhas de espalhar a ordem abençoada do Céu no caos, reconciliando-a de volta com Cristo, trazendo-a de volta à beleza do Design.

Seu governo pacífico e em constante expansão nunca terá fim. Ele governará com perfeita equidade e justiça do trono de seu pai David (TLB). Seu domínio crescerá continuamente e para a paz não haverá fim (LEB). Terá ... crescimento ilimitado (GW) (Is 9: 7).

Presumimos que tudo isso é apenas para o futuro. No entanto, Rick Joyner acredita que alguns dos santos no céu já estão aprendendo a governar lugares cósmicos. Em seu excelente livro A Batalha Final, Rick escreveu o que viu em uma visão celestial:

Quando me aproximei do Tribunal de Cristo, aqueles nas posições mais altas também estavam sentados em tronos que faziam parte de Seu trono. Mesmo o menor desses tronos era mais glorioso

do que qualquer trono terreno muitas vezes. **Alguns deles eram governantes dos assuntos do Céu e outros dos assuntos da criação física, como sistemas estelares e galáxias.**[4]

Acho que a maioria das pessoas que leram esse livro profundo ignorou as implicações do que Rick Joyner viu. Talvez agora estejamos prontos para ouvir de verdade? Deus está quebrando a caixa!

Certa vez, eu estava profundamente absorvido em Deus, orando com amigos. De repente, vi uma luz muito brilhante. Por alguns segundos, fui puxado rapidamente para cima dentro dela. Tive a sensação de me mover em grande velocidade.

De repente, me encontrei com Jesus em outra parte do espaço. Estávamos ambos parados no que parecia ser uma lua diante de uma bela nebulosa. Foi maravilhoso! Havia anjos como bolas de luz viva entrando e saindo das nuvens da nebulosa, adorando a Deus. As nuvens de poeira estavam vibrantes com tons vermelhos e laranjas. Havia um planeta azul impressionante com anéis como Saturno. Ele encheu a maior parte do céu. Foi de tirar o fôlego!

Depois de um curto período de tempo, fui puxado de volta sem aviso para a sala de oração, cheio do Espírito Santo, me perguntando por que isso tinha acontecido. Acho que como todos os grandes artistas, Jesus queria me mostrar um pouco do que Ele fez. Foi tudo criado por Ele e para ele. O mais incrível, Ele adora compartilhar sua criação conosco! Ele nos ama!

Pois por ele foram criadas todas as coisas que estão nos céus e na terra, visíveis e invisíveis, sejam tronos, sejam dominações, sejam principados, sejam potestades. Todas as coisas foram criadas por Ele e para Ele (Colossenses 1:16).

Jesus fez tudo. Não devemos ter medo disso. Faz parte de Sua vida e agora nossa, como aqueles que se uniram a Ele. Eu sei que tudo isso é um pouco diferente do que estamos acostumados a falar. Conforme você cresce, você descobre mais. É por Design Divino!

Concluindo, em tudo o que escrevi neste livro, acredito firmemente que o que está por vir não tem precedente histórico. Não é apenas uma repetição de avivamentos ou manifestações passadas (por mais que amemos e honremos o passado). Nenhuma caixa mental pode conter o Cristo ilimitado em nós.

O apóstolo Paulo entendeu esta verdade e disse:

Nunca desisto de orar por você; e esta é minha oração. Que Deus, o Deus de nosso Senhor Jesus Cristo e o Pai todo-glorioso, lhe dará sabedoria espiritual e a visão para conhecê-lo mais: para que você possa receber aquela iluminação interior do espírito que o fará perceber quão grande é o a esperança para a qual ele está chamando você - a magnificência e o esplendor da herança prometida aos cristãos - e quão tremendo é o poder disponível para nós que cremos em Deus (Ef 1: 17-19, PHI).

Nós vamos nos tornar
interestelares
transdimensionais
e imortais.

O que quer que aconteça no futuro envolverá o cosmos. Seja através do avanço da tecnologia espacial e quântica, do teletransporte "KAINOS" ou simplesmente aprendendo a nos mover mais plenamente no Reino Espiritual além de nossos corpos, eu sei que estamos crescendo em uma proporção muito maior. Deus está nos conduzindo a um mundo totalmente novo e nunca olharemos para trás!

As gerações finais nesta terra viverão a maior aventura que o mundo já conheceu. [5]

Na verdade, diremos que Deus guardou o melhor vinho para o fim!

TRADUÇÕES BÍBLICAS

Salvo indicação em contrário, usei a Nova Versão King James (NKJV, Copyright © 1982 por Thomas Nelson) para as citações da Bíblia neste livro. As traduções adicionais que usei são as seguintes:

AMP - Amplified Bible Copyright © 2015 por The Lockman Foundation, La Habra, CA 90631

AMPC - Amplified Bible, Classic Edition Copyright © 1954, 1958, 1962, 1964, 1965, 1987 por The Lockman Foundation

ESTAR - Bíblia em Inglês Básico, Copyright © 1965 por Cambridge Press na Inglaterra CEV - Versão em Inglês Contemporâneo, Copyright © 1995 pela American Bible Society CJB - Bíblia Judaica Completa, Copyright © 1998 por David H. Stern DAR - Tradução Darby, Domínio Público

DLNT - Disciples 'Literal New Testament, Copyright © 2011 Michael J. Magill. Todos os direitos reservados. Publicado pela Reyma Publishing

DRB - Douay-Rheims 1899 American Edition, Public Domain ERV - Easy-to-Read Version, Copyright © 2006 por Bible League International

GW - Tradução da PALAVRA DE DEUS Copyright © 1995 da Palavra de Deus para as Nações. Baker Publishing Group

HCSB - Holman Christian Standard Bible, Copyright © 1999, 2000, 2002, 2003, 2009 por Holman Bible Publishers, Nashville Tennessee.

ISV - Versão Padrão Internacional, Copyright © 1995-2014 da ISV Foundation. Davidson Press, LLC.

KJV - Versão King James, domínio público

KNO - The New Testament Paperback, Copyright © 1997 por Ronald A. Knox.

LEB - Lexham English Bible 2012 por Logos Bible Software. Lexham é uma marca registrada da Logos Bible Software

MIR - The Mirror Bible, Copyright © 2012 por Francois du Toit.

MSG - The Message (MSG) Copyright © 1993, 1994, 1995, 1996, 2000, 2001, 2002 por Eugene H. Peterson

NLT - New Living Translation, Copyright © 1996, 2004, 2007, 2013 por Tyndale House Foundation.

Tyndale House Publishers Inc., Carol Stream, Illinois 60188. Todos os direitos reservados.
NLV - New Life Version, Copyright © 1969 por Christian Literature International

NOG - Bíblia dos Nomes de Deus, Bíblia dos Nomes de Deus (sem notas) Copyright © 2011 por Baker Publishing Group.

PAS - The Passion Translation Copyright © 2014, por Brian Simmons

PHI - O Novo Testamento em Inglês Moderno por JB Philips copyright © 1960, 1972 JB Phillips.

Administrado pelo Conselho dos Arcebispos da Igreja da Inglaterra.
TLB - The Living Bible copyright © 1971 por Tyndale House Foundation
TCNT - Novo Testamento do século XX, Copyright © 2013 por Hardpress Publishing.
NÓS - Worldwide English (New Testament) Copyright © 1969, 1971, 1996, 1998 por SOON Educational Publications

WMS - O Novo Testamento na linguagem do povo, traduzido do grego por Charles B. Williams, Copyright © 1972 Moody Publishers

WNT - The Weymouth New Testament (também conhecido como The

New Testament in Modern Speech)

Copyright © 1903, James Clarke & Co (Londres)

VOI - The Voice, The Voice Bíblia Copyright © 2012 Thomas Nelson, Inc. Tradução The Voice ™ © 2012 Ecclesia Bible Society

REFERÊNCIAS

Prólogo: O Amanhecer
(1) Larry Randolph, *Spirit Talk, Hearing the Voice of God*. MorningStar Publications (2005).
(2) C. S. Lewis, *Mere Christianity*. Quote accessed via www.goodreads.com
(3) Rick Joyner, *A Prophetic Vision for the 21st Century*. Thomas Nelson Publishers, 1999.
(4) Patricia King, Spiritual Revolution: Experience the Supernatural in Your Life. Destiny Image (2006).

Parte Um - Introdução
A vindoura colheita
(1) Rick Joyner, *Visions of the Harvest - Updated and Expanded*. E-Book Edition. Distributed by MorningStar Publications, Inc (2013).

Os Filhos "KAINOS"
(1) James Strong. *Strong's Biblical Dictionary* published in 1800. Accesso online via www.blueletterbible.org.
(2) W.E. Vine's M.A., *Expository Dictionary of New Testament Words* published in 1940 and without copyright.

Co-missão mística
(1) Patricia King, Spiritual Revolution, Experience the Supernatural in Your Life Through Angelic Visitations, Prophetic Dreams, Visions, and Miracles. Destiny Image (2006).
(2) Rick Joyner, find out more via www.morningstarministries.org.

Parte Dois - Além do Humano
Capítulo 1 - Vivendo de Sião
(1) Paul Keith Davis, find out more via www.whitedoveministries.org.
(2) Roland H. Buck, *Angels on Assignment*. Whitaker House (1979).
(3) Rick Joyner, *The Sword and the Torch*. Morningstar Publications (2003).
(4) James Maloney, *Ladies of Gold: The Remarkable Ministry of the Golden Candlestick*, Volume One: 1. Answering the Cry Publications (2011).
(5) Rick Joyner, *The Sword and the Torch*. Morningstar Publications (2003).
(6) Martin Luther King, Jr. quote from BrainyQuote.com.
(7) Os recursos de Ian Clayton estão disponíveis em www.sonofthunder.org.nz.

Capítulo 2 - Comunidade Angelical
(1) Bobby Connor, https://companyofburninghearts.wordpress.com/2011/10/14/other-voices-bobby-conner-sabedoria / (2011).
(2) Richard Sharpe, Adomnan de Iona - Vida de São Columba. Penguin Books (1995).
(3) Randy Clark, Kingdom Foundations- uma conferência em Cardiff, País de Gales (2013).
(4) John Paul Jackson, citação tirada de uma gravação ao vivo na Inglaterra, Reino Unido. Saiba mais sobre John Paul em www.streamsministries.com.
(5) Roland H. Buck, Angels on Assignment. Whitaker House (1979).
(6) Gary Oates, Open My Eyes, Lord: A Practical Guide to Angelic Visations and Heavenly Experiences. Publicações do céu aberto (2004).

Capítulo 3 - Nuvem de Testemunhas
(1) C. S. Lewis, via www.goodreads.com.
(2) Rick Joyner, *The Final Quest*. MorningStar Publications (1996).
(3) Roberts Liardon, *We Saw Heaven*. Destiny Image (2000).
(4) Godfrey Birtill, *Two Thousand Years Ago*. 2012 © Thankyou Music UK.
(5) James Innell Packer and Thomas C. Oden, *One Faith The Evangelical Consensus*. InterVarsity Press (2004).
(6) Rev. Fr. Angelo Pastrovicchi, *St. Joseph of Copertino*. TAN Books (1980).
(7) Saint Francis of Assisi, via www.goodreads.com.

(8) Paul Keith Davis, de uma sessão de ensino de conferência ao vivo. Encontre mais ensinamentos de Paul Keith via www.whitedoveministries.org.

Capítulo 4 - Telepático por Design
(1) Upton Sinclair, Mental Radio. Read Books Ltd (2013).
(2) Hans Berger, citado de http://news.discovery.com/human/life/love-telepathy-is-it-real-120212.htm.
(3) Cotação acessada via http://www.spiritscienceandmetaphysics.com/scientific-prova-nossas-mentes-estão-todas-conectadas /.
(4) Cotação acessada via http://www.dailymail.co.uk/news/article-2745797/Scientists-claim-telepatia-sucesso-envio-mensagem-mental-uma-pessoa-4-000-milhas-distância.html.

Capítulo 5 - Hubs telepáticos: um corpo
(1) David Humphries, O Livro Perdido de Enoch. Cambridge Media Group (2006).
(2) Jan Johnson, Madame Guyon. Bethany House Publishers (1998).
(3) Joan Carroll Cruz. *Mysteries, Marvels, Miracles in the Lives of the Saints*. Tan

Books and Publishers (1997).
(4) Como acima.

Capítulo 6 - Visão Remota
(1) https://en.wikipedia.org/wiki/Remote_viewing
(2) Richard Sharpe, Adomnan de Iona - *Life of St Columba*. Penguin Books (1995).
(3) Letras disponíveis em: http://www.metrol Budap.com/a-whole-new-world-lyrics-aladdin.html

Capítulo 7 - Conhecimento Infundido
(1) Definição de "Conhecimento Infundido" obtido de http://www.catholicculture.org/culture/library/dictionary/index.cfm?id=34207
(2) Kathie Walters, Celtic Flames, Good News Ministries(1999).
(3) John G. Lake, John G. Lake: His Life, His Sermons, His Boldness of Faith. Kenneth Copeland Publishing (1995).
(4) David Humphries, *The Lost Book of Enoch*. Cambridge Media Group (2006).

Capítulo 8 - Transporte Milagroso
(1) John Paul Jackson, citação tirada de uma gravação ao vivo na Inglaterra, Reino Unido. Saiba mais sobre John Paul em www.streamsministries.com.
(2) Como acima.
(3) Joan Carroll Cruz. *Mysteries, Marvels, Miracles in the Lives of the Saints*. Tan Books and Publishers (1997).
(4) Como acima.
(5) Como acima.
(6) Você pode descobrir mais ouvindo nosso podcast GRATUITO chamado "Transrelocation with Ian Clayton". Disponível em http://companyofburninghearts.podomatic.com ou iTunes.

Capítulo 9 - Metamorfose
(1) David Adam, *Walking the Edges, Living in the Presence of God*. Society for Promoting Christian Knowledge, Bookmarque Ltd (2003).
(2) Joan Carroll Cruz. *Mysteries, Marvels, Miracles in the Lives of the Saints*. Tan Books and Publishers (1997).
(3) Cassandra Eason, Fabulous Creatures, Mythical Monsters, and Animal Power Symbols: A Handbook. Greenwood Publishing Group (2008).
(4) Disponível GRATUITAMENTE em: http://companyofburninghearts.podomatic.com.

Capítulo 10 - Mudanças dimensionais
(1) Julian of Norwich. Quote accessed via: http://jordandenari.com/2013/11/08/more-in-heaven-wisdom-from-julian-of-norwich/.
(2) Joan Carroll Cruz. *Mysteries, Marvels, Miracles in the Lives of the Saints*. Tan Books and Publishers (1997).
(3) As above.
(4) *Brother Yun with Paul Hattaway, The Heavenly Man: The Remarkable True Story Of Chinese Christian Brother Yun. Monarch Books (2002).*
(5) *Michael Van Vlymen, Supernatural Transportation, Moving Through Space, Time and Dimensions for the Kingdom of Heaven. Ministry Resources (2016).*
(6) Os ensinamentos de Nancy Coen estão disponíveis através da Benji Fiordland em www.revivalschoolnz.com.

Capítulo 11 - Inédia: Jejum Prolongado
(1) John Crowder, The Ecstasy of Loving God: Trances, Raptures, and the Supernatural Pleasures of Jesus Christ. Destiny Image (2008).
(2) Kathie Walters, *Celtic Flames*. Good News Ministries (1999).
(3) Brother Yun with Paul Hattaway, The Heavenly Man: The Remarkable True Story Of Chinese Christian Brother Yun. Monarch Books (2002).
(4) Joan Carroll Cruz. *Mysteries, Marvels, Miracles in the Lives of the Saints*. Tan Books and Publishers (1997).
(5)Para mais informações, ouça nosso Podcast de ensino - Vida e Imortalidade. Disponível GRATUITAMENTE em:http://companyofburninghearts.podomatic.com. (Março de 2015)

Capítulo 12 - Além do Sono: Redimindo a Noite
(1) Paul Keith Davis, speaking at the "Promised Land" workshop in Chester UK with MorningStar Europe (Nov 2015). Visit www.morningstareurope.org for more info.
(2) Nancy Coen's teachings are available through Benji Fiordl and at www.revivalschoolnz.com. Highly recommended!
(3) David Adam, *Aidan, Bede, Cuthbert: Three Inspirational Saints*. Society for Promoting Christian Knowledge, Bookmarque Ltd (2006).
(4) W. Heywood, The Little Flowers of St. Francis of Assisi. Arrow Books Ltd (1998).
(5) Montague Summers, *Physical Phenomena of Mysticism*. Kessinger Publishing Co (2003).
(6) James Strong. Strong's *Biblical Dictionary* published in 1800. Accessed online via www.blueletterbible.org.

Capítulo 13 - Domínio sobre a Criação

(1) John Paul Jackson. Quoted from: http://www.streamsministries.com/resources/discipleship/some-thoughts-about-the-earth-and-righteousness.
(2) Supernatural weather miracle - http://www.telegraph.co.uk/finance/newsbysector/retailandconsumer/8985975/Shops-feel-the-chill-as-country-basks-in-mild-winter.html.
(3) W. Heywood, *The Little Flowers of St. Francis of Assisi*. Arrow Books Ltd (1998).
(4) David Adam, *Aidan, Bede, Cuthbert: Three Inspirational Saints*. Society for Promoting Christian Knowledge, Bookmarque Ltd (2006).
(5) John Sandford and Mark Sandford, *Healing the Earth... A Time for Change*. BT Johnson Publishing (2013).
(6) R. H. Charles, *The Book of Jubilees*. From "The Apocrypha and Pseudepigrapha of the Old Testament". Oxford Clarendon Press (1913).
(7) John Sandford and Mark Sandford, *Healing the Earth... A Time for Change*. BT Johnson Publishing (2013).

Capítulo 14 - O Conflito Celestial
(1) David Humphries, *The Lost Book of Enoch*. Cambridge Media Group (2006).
(2) Paul Keith Davis, *The Days of Noah* audio teaching series. Available to purchase at www.whitedoveministries.org.
(3) Ian Clayton from a live teaching at "*Beyond the Veil*" with COBH. Find teaching resources at: www.sonofthunder.org.nz.
(4) Bill Johnson, *Hosting the Presence: Unveiling Heaven's Agenda*. Destiny Image (2012).
(5) Bill Johnson, *Spiritual Java*. Destiny Image (2010).
(6) Godfrey Birtill, *Hijacked into Paradise*. Whitefield Music (2009).

Capítulo 15 – A Luta Contra Os Principados E Potestades
) Rick Joyner, *When God Walked the Earth*. MorningStar Publications (2007).
(2) Carolinne White, *Early Christian Lives*. Penguin Books (1998).
(3) J. R. R. Tolkien, via http://www.councilofelrond.com/moviebook/4-07-the-stories-that-really-matter/.

Epílogo: Além da Terra - As Implicações Cósmicas
(1) Seth Shostak. Quoted from: http://www.huffingtonpost.com/2014/06/24/habitable-planets-seth-shostak_n_5527116.html.
(2) Clara Moskowitz. Quoted from: http://www.space.com/18811-multiple-universes-5-theories.html.
(3) David Humphries, *The Lost Book of Enoch*. Cambridge Media Group (2006).
(4) Rick Joyner, *The Final Quest*. MorningStar Publications (1996).
(5) Rick Joyner, *The Apostolic Ministry*. MorningStar Publications (2004).

Capítulo bônus: Walking on Air

(1) John Crowder, *The Ecstasy of Loving God, Trances, Raptures and the Supernatural Pleasures of Jesus Christ*. Destiny Image (2009).

(2) Teresa of Avila and J. Cohen, *The Life of Saint Teresa of Avila by Herself*. Penguin Books (1987).

(3) Como acima.

(4) Joan Carroll Cruz. *Mysteries, Marvels, Miracles in the Lives of the Saints*. Tan Books and Publishers (1997).

(5) Raymond of Capua, *The Life of St. Catherine of Sienna*. Public Domain.

(6) Joan Carroll Cruz. *Mysteries, Marvels, Miracles in the Lives of the Saints*. Tan Books and Publishers (1997).

(7) Rev. Fr. Angelo Pastrovicchi, *St. Joseph of Copertino*. TAN Books (1980).

(8) John G. Lake, *John G. Lake: His Life, His Sermons, His Boldness of Faith*. Kenneth Copeland Publishing (1995).

Ah você encontrou o capítulo secreto! Como uma cena extra nos créditos do filme, achei que seria divertido inserir mais uma ideia de "KAINOS". Escrevi vários outros capítulos que não chegaram ao corte final, mas simplesmente não pude deixar isso de lado. É muito divertido "KAINOS" !!

LEVITAÇÃO!

Se você ainda quiser um pouco mais, continue lendo ... vamos lá!

Jesus veio e nos restaurou para onde sempre deveríamos estar.
Em Seu último ato antes de retornar ao Céu, Ele flutuou do chão e desapareceu.

Ao terminar esta comissão, Ele começou a se erguer do solo diante de seus olhos até que as nuvens O obscurecessem de sua visão (Atos 1: 9, VOI).

Acho que Jesus fez isso para mostrar ao mundo, os filhos são os donos dos céus. Quem possui os céus ganha a guerra.

Muitos seguiram os passos de Jesus e flutuaram para cima. Centenas de santos católicos foram vistos fazendo isso. E quantas outras pessoas fizeram isso em particular?

Quem são estes que estão voando como uma nuvem? (Is 60: 8).

Este milagre é chamado de 'Levitação' ou 'Ascensão'. É um dos fenômenos da oração mística, mais frequentemente associada a êxtases e arrebatamentos.

Parece que a gravidade é uma força menor do que as arrebatadoras correntes de ar do Amor Divino!

Ouça este testemunho de Maria Villani, uma freira dominicana:

Certa ocasião, me dei conta de uma nova experiência. Senti-me apreendida e extasiada, e com tanta força que me vi erguida completamente pelas solas dos pés, assim como o ímã puxa um fragmento de ferro, mas com uma suavidade maravilhosa e deliciosa. A princípio senti muito medo, mas depois permaneci no maior contentamento e alegria de espírito possível. Eu estava bastante fora de mim, mas apesar disso, sabia que havia sido criada a alguma distância da Terra, todo o meu ser suspenso por um considerável espaço de tempo. Até a última véspera de Natal (1618), isso aconteceu comigo em cinco ocasiões diferentes.[1]

Uma das maiores influências na minha vida foi Teresa d'Ávila. Ela foi uma teóloga mística que experimentou em primeira mão tudo o que ela escreveu. Ela documentou os estágios da oração e como eram os diferentes estados de êxtase. Eu li a autobiografia dela[2] uma e outra vez. Eu levo comigo o mundo.

Nesta história, Teresa estava pregando e ela sentiu um arrebatamento de levitação chegando. Ela já havia pedido a seus amigos para ajudá-la se isso acontecesse. Ela estava com vergonha!

Senti que o Senhor estava prestes a me arrebatar novamente, e uma vez em particular durante um sermão - foi na festa do nosso patrono e algumas grandes damas estavam presentes - eu deitei no chão e as irmãs tentaram me segurar, mas mesmo assim o arrebatamento aconteceu.[3]

Você consegue imaginar isso?! Um bando de freiras pulando em cima dela. O que as senhoras visitantes devem ter pensado? Teria parecido muito engraçado! Ainda assim, ela foi elevada no Espírito.

Teresa descreve em detalhes como é o êxtase. Isso me deixa com muita fome de Deus.

Os efeitos do arrebatamento são grandes. Uma é que o grande poder do Senhor é manifesto. Vemos que contra a vontade de Sua Majestade nada podemos fazer para controlar a alma ou o corpo. Não somos os mestres; gostemos ou não, vemos que há alguém mais poderoso do que nós; que esses favores são dados por Ele, e que, por nós mesmos, não podemos fazer absolutamente nada.

Ela continua:

Isso marca uma profunda humildade em nós. Confesso que despertou em mim um grande medo, a princípio um medo muito grande. Vê-se o corpo sendo levantado do chão; e embora o espírito o atraia atrás de si, e o faça com muita suavidade se ele não resistir, a pessoa não perde a consciência. Pelo menos eu mesmo estava suficientemente consciente para perceber que estava sendo erguida. A majestade dAquele que pode fazer isso é tão evidente que os cabelos ficam em pé, e um grande temor apodera-se de ofender um Deus tão grande.

Lindo!

O que eu amo em Teresa é que ela não estava tentando levitar ou fazer qualquer coisa, a não ser apenas se apaixonar profundamente por Deus. Este é o caminho místico. É o caminho do Amor.

São Francisco foi um homem de incrível integridade que também tentou esconder suas levitações. Frequentemente, orando em lugares isolados, seus amigos o encontravam erguido nas alturas. Às vezes ele voava tão alto que sumia de vista:

(Irmão Leão) encontrou São Francisco do lado de fora da cela (seu

quarto) erguido no ar às vezes tão alto quanto um metro, às vezes quatro, outras vezes na metade ou no topo das faias - e algumas dessas árvores eram muito alto. Em outras ocasiões, ele encontrou o Santo erguido tão alto no ar e rodeado por tal radiância que mal podia vê-lo.[4]

Catarina de Sienna desde muito jovem levitou com frequência. Por mais estranho que pareça para nós, ela realmente subiria as escadas de sua casa! Seu biógrafo, Raymond de Cápua, escreve:

A mãe dela me informou, e Catherine foi obrigada a reconhecer que, ao se propor a subir a escada, ela foi carregada até o topo sem tocar os degraus com os pés, e tal foi a rapidez de sua subida que a mãe tremeu de medo, ela caiu.[5]

São Francisco de Posadas, um dominicano muitas vezes flutuava para cima durante a Santa Missa:

Certa vez, ele disse depois de retornar ao chão que: "Não posso dizer se deixei a terra ou a terra retirou-se de mim." Certa vez, depois de recitar as palavras de consagração, seu corpo se ergueu no ar e ficou suspenso. Quando ele finalmente desceu, a congregação viu que ele foi envolvido por uma grande luz e seu rosto se transformou: suas rugas haviam desaparecido, sua pele estava transparente como cristal e suas bochechas estavam de um vermelho profundo.[6]

Um dos santos mais divertidos para voos era um homem chamado Joseph de Copertino. Ele era totalmente viciado em Deus e coisas simples o levavam a arrebatamentos e êxtases, desde ver uma pintura de Jesus no Natal até a comunhão diária. Ele flutuava entre duas e três horas por dia. Não admira que ele seja o santo padroeiro dos pilotos!

Durante essas intensas explosões de alegria, ele gritava alto, depois se erguia, voava e até dançava no ar. O livro de sua vida, do padre Angelo Pastrovicchi, às vezes parece uma 'Divina Comédia'. Isto é hilário!

Certa ocasião, José esteve presente na investidura de várias freiras

na igreja de Santa Clara em Copertino. Assim que o coro entoou a antífona, "Vem a noiva de Cristo", ele foi visto correndo do canto em que se ajoelhou em direção ao confessor do convento, um membro da Ordem dos Reformati, agarrando-o pela mão , levantou-o do chão pelo poder sobrenatural e dançou rapidamente sobre ele no ar.[7]

Parece Mary Poppins! Acho que Deus gosta de comédia. Pense no pobre Ezequiel!

Então eu vi algo que parecia um braço. O braço estendeu-se e agarrou-me pelos cabelos da minha cabeça. Então o Espírito me ergueu no ar (Ez 8: 3, ERV).

Coisas doidas. Teremos muitas coisas divertidas acontecendo nos próximos anos. Nem tudo isso é profundo.

Algumas delas são simplesmente de alegria! Deus é o Deus bendito (1 Tm 1:11).

A levitação não é apenas um fenômeno católico. O grande apóstolo curador John G. Lake viu milagres de ascensão em suas reuniões. Lake escreve:

Certa noite, enquanto eu estava pregando, o Espírito do Senhor desceu sobre um homem na primeira fila. Era o Dr. EH Cantel, um ministro de Londres, Inglaterra. Ele permaneceu sentado, mas começou a se levantar da cadeira: gradualmente ele desceu na cadeira: e novamente gradualmente começou a se levantar, um pouco mais alto, então gradualmente ele desceu. Isso foi repetido três vezes. Foi uma reversão da gravitação? Eu acho que não. Minha própria concepção é que sua alma se tornou tão unida ao Espírito de Deus que o poder de atração de Deus era tão intenso que o atraiu.[8]

O Profeta Bobby Conner também tem uma história engraçada de levitação. Bobby estava ministrando no exterior em uma reunião de milhares. Ele julgou mal o fim do palco e saiu da borda.

Surpreendentemente, ele flutuou no ar. Alarmado, ele rapidamente voltou para o palco. Mais tarde, Bobby perguntou ao Senhor por que esse milagre aconteceu. Deus disse que fez isso para impedir que Bobby parecesse estúpido !! Hilário! Essa é a verdadeira amizade!

Também nos divertimos um pouco com a levitação. Eu estava em Melbourne, Austrália, ministrando com Ian Clayton. De manhã, pude perceber por seu rosto que Ian havia vivido uma noite especial. Ian tinha aquele olhar eterno novamente. Ian nos contou o que aconteceu. Ele disse que acordou no meio da noite e sua cama estava a poucos metros de altura. Ele foi surpreendido. Nós rimos disso. Parecia engraçado. Ian não conseguia explicar!

Independentemente do que pensemos sobre este assunto, nossa raça "KAINOS" no final das contas TODOS saberão como levitar. O futuro já está escrito nas Escrituras. Encontraremos Jesus no ar:

O próprio Mestre dará o comando. Trovão de arcanjo! Toque de trombeta de Deus! Ele descerá do céu e os mortos em Cristo ressuscitarão - eles irão primeiro. Então, o resto de nós que ainda estivermos vivos seremos arrebatados com eles para as nuvens para encontrar o Mestre. Oh, estaremos caminhando no ar! E então haverá uma grande reunião de família com o Mestre. Portanto, tranquilizem uns aos outros com estas palavras (1 Ts 4: 15-18, MSG).

Esse será um dia incrível e feliz.

Vejo você nas nuvens!

SOBRE O AUTOR

Justin Paul Abraham é um podcaster popular e palestrante internacional conhecido por seus ensinamentos alegres sobre o evangelho da felicidade, os reinos místicos de Deus e as novas realidades da criação KAINOS. Ele mora no Reino Unido com seus quatro filhos, Josh, Sam, Beth e Oliver, e sua esposa inspiradora, Rachel Abraham.

www.companyofburninghearts.com

SOBRE SERAPH CREATIVE

Seraph Creative é um grupo de artistas, escritores, teólogos e ilustradores que desejam ver o corpo de Cristo crescer em plena maturidade, caminhando em sua herança como Filhos de Deus na Terra.
Assine nosso boletim informativo para saber sobre o lançamento de novos livros de Justin Paul Abraham, bem como outros lançamentos emocionantes.
Visite o nosso site :
www.seraphcreative.org

www.ingramcontent.com/pod-product-compliance
Lightning Source LLC
Chambersburg PA
CBHW071624080526
44588CB00010B/1254